KONČNI VODNIK PO USTVARJANJU CIABATTA

100 domačih receptov za pripravo žvečljive in hrustljave ciabatte doma

Matjaž Marolt

Avtorski material ©2024

Vse pravice pridržane

Nobenega dela te knjige ni dovoljeno uporabljati ali prenašati v kakršni koli obliki ali na kakršen koli način brez ustreznega pisnega soglasja založnika in lastnika avtorskih pravic, razen kratkih citatov, uporabljenih v recenziji. Ta knjiga se ne sme obravnavati kot nadomestilo za zdravniški, pravni ali drug strokovni nasvet.

KAZALO

KAZALO **3**
UVOD **6**
KLASIČNA CIABATTA **7**
   1. Osnovna ciabatta 8
   2. Ržena čabatta 11
   3. Ciabatta kruh iz kislega testa 13
   4. Ciabatta zvitki 16
   5. Aparat za kruh Ciabat ta 19
   6. Riževa ciabatta 23
   7. Ciabatta iz mandljeve moke 26
   8. Ciabatta iz kasavine moke 28
   9. Ciabatta iz čičerikine moke 30
   10. Ciabatta iz ajdove moke 32
   11. Teff Flour Ciabatta 34
   12. Ciabatta iz sirkove moke 36
SADNA CIABATTA **38**
   13. Pizza Ciabatta s hruško in gorgonzolo 39
   14. Francoski toast ciabatta, polnjen s češnjami in maskarponejem 41
   15. Zvitki ciabatta, polnjeni z jabolčnim cimetom 43
   16. Brusnično orehova polnozrnata ciabatta 45
   17. Marelična ciabatta z medeno glazuro 48
   18. Ciabatta z borovnicami in limono 51
   19. Figa in brie polnozrnata ciabatta 54
ZELIŠČANA ČABATA **57**
   20. Rožmarin česen ciabatta 58
   21. Česnova parsely ciabatta 60
   22. Rosemary Ciabatta 62
   23. Polnozrnata ciabatta z rožmarinom 64
OREHOVA ČABATTA **67**
   24. Ciabatta z orehi in rozinami 68
   25. Polnozrnata ciabatta iz mandljevega maka 71
   26. Brusnična makadamija čabatta 74
   27. Ribezovo-orehova ciabatta 77
ZAČIMBENA CIABATTA **80**
   28. Kamutov kruh z medeno začimbo 81
   29. Polnozrnata pšenična ciabatta z rozinami in cimetom .. 83
   30. Čili kosmiči in paprika ciabatta 86
   31. Ciabatta s kurkumo in kumino 88
ČOKOLADNA CIABATTA **90**

32. ČOKOLADNO LEŠNIKOVA CIABATTA 91
33. ČOKOLADNO POMARANČNA CIABATTA 93
34. DVOJNA ČOKOLADNA CIABATTA 95
35. ČOKOLADNO ČEŠNJEVA MANDLJEVA CIABATTA 97
36. CIABATTA S ČOKOLADNIM ARAŠIDOVIM MASLOM 99
37. ČOKOLADNO KOKOSOVA CIABATTA 101
38. ČOKOLADNO MALINOVA CIABATTA 103
39. POLNOZRNATA CIABATTA S ČOKOLADNIMI KOŠČKI 105

CIABATTA S KOFEINOM 108
40. ESPRESSO CIABATTA 109
41. MATCHA ZELENI ČAJ CIABATTA 111
42. ČAJ ZAČINJENA ČABATTA 113
43. MOCHA CHIP CIABATTA 115

VEGGIE CIABATTA 117
44. ČRNA OLIVNA CIABATTA 118
45. VEGI CIABATTA 121
46. POLNOZRNATA PŠENIČNA CIABATTA IZ POSUŠENIH PARADIŽNIKOV 123
47. POLNOZRNATA CIABATTA IZ OLIV IN ZELIŠČ 126
48. JALAPEÑO POLNOZRNATA CIABATTA 129
49. POLNOZRNATA CIABATTA IZ ČEDARJA IN DROBNJAKA 132
50. CIABATTA S PESTOM IN MOCARELO 135

SENDVIČI CIABATTA 138
51. SENDVIČ CAPRESE CIABATTA 139
52. PIŠČANČJI PESTO CIABATTA SENDVIČ NA ŽARU 141
53. ITALIJANSKI SENDVIČ CIABATTA 143
54. MEDITERANSKI ZELENJAVNI SENDVIČ S CIABATTO 145
55. PURANJI BRUSNIČNI CIABATTA SENDVIČ 147
56. SENDVIČ S CIABATTO S PARMEZANOM IN JAJČEVCEM 149
57. SENDVIČ S PEČENO GOVEDINO IN HRENOM CIABATTA 151
58. TUNINA SOLATA CIABATTA SENDVIČ 153
59. MOCARELA PESTO VEGGIE CIABATTA SENDVIČ 155
60. SENDVIČ Z DIMLJENIM LOSOSOM IN KREMNIM SIROM 157
61. BBQ SENDVIČ S SVINJSKO CIABATTO 159
62. GRŠKI PIŠČANČJI SENDVIČ CIABATTA 161
63. SENDVIČ Z ZREZKOM IN KARAMELIZIRANO ČEBULO 163
64. AVOKADOV PIŠČANČJI SENDVIČ CAESAR CIABATTA 165
65. BUFFALO CHICKEN CIABATTA SENDVIČ 167
66. MUFFULETTA CIABATTA SENDVIČ 169
67. GLAZIRAN SENDVIČ Z GOBAMI PORTOBELLO 171
68. TOFU BANH MI CIABATTA SENDVIČ 173
69. ITALIJANSKI SENDVIČ S KLOBASAMI IN PAPRIKO CIABATTA 175
70. SENDVIČ Z ZREZKOM CIABATTA 177
71. CIABATTA PRŠUT SENDVIČ 179

NADEVANA CIABATTA 181

72. Caprese polnjena ciabatta 182
73. Ciabatta , polnjena s špinačo in artičokami 184
74. Mediteranska polnjena ciabatta 186
75. Ciabatta kruh s tremi siri 188
76. Italijanska ciabatta z mesnimi kroglicami 190
77. Ciabatta, polnjena s cajunskimi kozicami 192
78. Ciabatta kruh s sirom iz špinače in artičoke 194
79. BBQ polnjena svinjska ciabatta 196
80. Cezarjeva polnjena ciabatta s piščancem 198
81. Kruh ciabatta s česnom in zelišči 200
82. Taco polnjena ciabatta 202
83. Ciabatta , polnjena z govejo pečenko in hrenom 204
84. Ciabatta , polnjena z bivoljim piščancem 206
85. Ciabatta s piščancem, polnjena s pestom 208
86. Jalapeño Popper Cheesy Ciabatta kruh 210
87. Ciabatta z dimljenim lososom in kremnim sirom 212
88. BLT Polnjena ciabatta 214
89. Polnjena jajčna solata ciabatta 216
90. Ciabatta , polnjena z zelenjavo in humusom 218
91. Jagodna ciabatta 220
92. Fig Ciabatta 222
93. Jabolčna čabatta 224
94. Breskev in bazilika Ciabatta 226
95. Ciabatta z malinami in kozjim sirom 228
96. Ciabatta iz grozdja in gorgonzole 230
97. Ciabatta iz hrušk in orehov 232
98. Mango Ciabatta 234
99. Blackberry in ricotta ciabatta 236
100. Šunka, sir in zeliščna ciabatta 238

ZAKLJUČEK 241

UVOD

Dobrodošli v "KONČNI VODNIK PO USTVARJANJU CIABATTA", kjer se podajamo na potovanje, da bi obvladali umetnost izdelave žvečilnega in hrustljavega kruha ciabatta kar v udobju vašega doma. Ciabatta s svojo značilno žvečljivo notranjostjo in hrustljavo skorjo je priljubljen italijanski kruh, ki je očaral srca in brbončice ljubiteljev kruha po vsem svetu. V tej kuharski knjigi slavimo lepoto in vsestranskost ciabatte s 100 domačimi recepti, ki vas bodo navdihnili, da postanete maestro pri peki kruha.

V tej kuharski knjigi boste odkrili ogromno receptov, ki prikazujejo neskončne možnosti kruha ciabatta. Od klasičnih štruc in rustikalnih žemljic do inovativnih sendvičev in dekadentnih sladic, vsak recept je oblikovan tako, da poudari edinstveno teksturo in okus tega priljubljenega kruha. Ne glede na to, ali ste pek začetnik ali izkušen profesionalec, vas bodo ti recepti vodili skozi postopek izdelave pristnega kruha ciabatta, ki se kosa s tistimi v obrtniških pekarnah.

Kar ločuje "KONČNI VODNIK PO USTVARJANJU CIABATTA" je njegov poudarek na izdelavi in tehniki. S podrobnimi navodili, koristnimi nasveti in vodniki po korakih boste izvedeli skrivnosti za doseganje popolnega ravnovesja med žvečljivostjo in skorjo, ki določa odličen kruh ciabatta. Ne glede na to, ali gnetete testo ročno ali s samostoječim mešalnikom, oblikujete štruce ali zarezujete skorjo, je vsak korak bistven za ustvarjanje popolnosti ciabatte.

V tej kuharski knjigi boste našli praktične nasvete o sestavinah, opremi in tehnikah peke, ki vam bodo vedno pomagali doseči rezultate profesionalne kakovosti. Ne glede na to, ali pečete za svojo družino, gostite večerjo ali si preprosto privoščite domačo poslastico, vam bo »KONČNI VODNIK PO USTVARJANJU CIABATTA« omogočil, da sprostite svojo ustvarjalnost in postanete mojster peke kruha v svoji kuhinji.

KLASIČNA CIABATTA

1.Osnovna ciabatta

SESTAVINE:
- 4 skodelice moke za kruh
- 2 žlički instant kvasa
- 2 žlički soli
- 1 ½ skodelice mlačne vode
- Olivno olje (za mazanje)

NAVODILA:
a) V veliki posodi za mešanje zmešajte krušno moko, instant kvas in sol. Dobro premešaj.
b) Suhim sestavinam postopoma dodajajte mlačno vodo, mešajte z žlico ali rokami, dokler ne nastane lepljivo testo.
c) Skledo pokrijemo s čisto kuhinjsko krpo in pustimo testo počivati približno 15 minut.
d) Po počitku rahlo naoljite čisto delovno površino in roke, da preprečite prijemanje. Testo prenesite na površino.
e) Testo začnite mesiti tako, da ga prepognete nase, raztegnete in nato znova prepognete. Ta postopek ponavljajte približno 10-15 minut oziroma dokler testo ne postane gladko, elastično in manj lepljivo.
f) Zgneteno testo damo v rahlo naoljeno skledo, pokrijemo s kuhinjsko krpo in pustimo vzhajati na toplem približno 1-2 uri oziroma toliko časa, da se volumen podvoji.
g) Ko je testo vzhajano, ga nežno preložimo na pomokano površino. Pazite, da ga ne izpraznite preveč.
h) Testo razdelimo na dva enaka dela in vsak del oblikujemo v podolgovat oval, ki spominja na copat ali sandal. Hlebčke položite na pekač, obložen s pergamentnim papirjem.
i) Hlebčke pokrijemo s kuhinjsko krpo in pustimo vzhajati še 30-45 minut oziroma toliko časa, da vidno narastejo.
j) Pečico segrejte na 220 °C (425 °F).
k) Neobvezno: Z ostrim nožem ali britvico naredite diagonalne reze na vrhu vsake štruce, da ustvarite rustikalni vzorec.
l) Pekač s štrucami postavimo v ogreto pečico in pečemo približno 20-25 minut oziroma toliko časa, da se kruh zlato rjavo obarva in ob udarjanju po dnu zazveni votlo.
m) Ko so pečene, ciabatto vzemite iz pečice in pustite, da se ohladi na rešetki, preden jo narežete in postrežete.

2. Ržena čabatta

SESTAVINE:
- 7 oz. (200 g) pšenične predjedi iz kislega testa
- ½ skodelice (50 g) fine ržene moke
- 4 skodelice (500 g) pšenične moke
- pribl. 1⅔ skodelice (400 ml) vode, sobne temperature
- ½ žlice (10 g) soli
- olivno olje za skledo

NAVODILA:
a) Zmešajte vse sestavine razen soli in dobro pregnetite. Dodajte sol.
b) Testo damo v namaščeno posodo za mešanje. Testo pokrijemo s plastično folijo in pustimo čez noč stati v hladilniku.
c) Naslednji dan testo nežno vlijemo na pekač.
d) Testo prepognemo in pustimo stati v hladilniku približno 5 ur, pri čemer testo znova prepognemo enkrat na uro.
e) Testo vlijemo na mizo. Narežite ga na kose, velike približno 2 × 6 palcev (10 × 15 cm), in jih položite na pomaščen pekač. Pustimo jih vzhajati v hladilniku še 10 ur. Zato priprava tega kruha traja približno 2 dni.
f) Začetna temperatura pečice: 475°F (250°C)
g) Hlebčke postavimo v pečico. Na dno pečice poškropite skodelico vode. Zmanjšajte temperaturo na 400°F (210°C) in pecite približno 15 minut.
h) Testo prepognemo in pustimo v hladilniku približno 5 ur. Zlaganje ponovite enkrat na uro v tem času.
i) Testo položimo na pomokano površino in ga razvlečemo.
j) Testo razrežite na kose, velike približno 2 × 6 palcev (10 × 15 cm).

3.Ciabatta kruh iz kislega testa

SESTAVINE:
- 360 gramov (približno 1,5 skodelice) vode
- 12 gramov (približno 2 čajni žlički) soli
- 100 gramov (približno 1/2 skodelice) aktivne predjedi iz kislega testa
- 450 gramov (približno 3,5 skodelice) moke za kruh

NAVODILA:
ZMESIMO TESTO:
a) V veliko skledo dajte vodo. Dodamo sol in na kratko premešamo.
b) Dodajte starter in na kratko premešajte, da se meša. Dodajte moko in mešajte, dokler ne dobite mokre, lepljive kepe testa. Po potrebi na kratko pregnetite z rokami, da se moka vmeša. Pokrijte s kuhinjsko krpo ali pokrovom iz blaga in pustite stati 30 minut.
c) Raztezanja in gube: z mokrimi rokami primite eno stran testa in ga povlecite navzgor in v sredino. Obrnite posodo za četrt obrata in ponovite prijemanje in vlečenje. To počnite, dokler ne naredite polnega kroga.
d) Pokrijte skledo. Ta postopek ponovite še trikrat v 30-minutnih intervalih za skupno 4 sklope raztezkov in gub v dveh urah.

BULK FERMENTACIJA:
e) Testo prenesite v posodo z ravnimi stranicami. Posodo pokrijemo z brisačo. Pustimo vzhajati na sobni temperaturi, dokler se prostornina testa skoraj ne podvoji (povečajmo prostornino za 75 %). Časi se razlikujejo glede na vaše okolje in moč vašega zaganjalnika.
f) Posodo pokrijemo s pokrovom (idealno) ali brisačo (če uporabljamo brisačo, namažemo vrh testa z oljem, da se ne izsuši.) Prestavimo v hladilnik za 12-24 ur.

OBLIKA:
g) Odstranite posodo iz hladilnika. Odstranite pokrov. Vrh testa izdatno potresemo z moko. Testo zvrnemo na pomokano delovno površino. Testo potapkamo v pravokotnik.
h) Po vrhu potresemo z moko. Uporabite namizno strgalo, da navpično prerežete testo na pol. Nato naredite tri reze na enakih razdaljah v vsaki polovici, da ustvarite 8 majhnih pravokotnikov.

i) Pekač obložite s pergamentnim papirjem. S pomokanimi rokami prenesite vsak pravokotnik v pripravljen pekač in ga nežno potegnite navzven. Pekač pokrijemo z brisačo. Pustimo stati eno uro.

PEKA:

j) Pečico segrejte na 475ºF. Pekač prestavimo v pečico in pečemo 10 minut. Zmanjšajte temperaturo na 450ºF, obrnite posodo in pecite še 10 minut. Odstranite posodo iz pečice.

k) Zvitke ciabatta prestavite na rešetko za hlajenje. Pred rezanjem naj se ohladi 20 do 30 minut.

4.Ciabatta zvitki

SESTAVINE:
- 1 čajna žlička instant kvasa
- 240 gramov vode pri sobni temperaturi (približno 1 skodelica)
- 300 gramov večnamenske moke (približno 2,5 skodelice)
- 1 čajna žlička soli

NAVODILA:
PRIPRAVITE TESTO (ČAS VZHAJANJA 1 URA):
a) V majhni skodelici raztopite instant kvas v mlačni vodi in premešajte, da se premeša (mešanica mora začeti brbotati in razviti aromo kvasa). Pustite stati 2 minuti.
b) V večjo skledo dodajte moko in sol. Vlijemo mešanico kvasa in stepamo, dokler ni popolnoma združena, strgamo po stenah posode (ne smejo biti vidni suhi delci moke). Mešanica je zelo lepljiva in mokra, z 80% hidracijo (razmerje med moko in vodo).
c) Skledo pokrijemo s plastično folijo in pustimo stati na sobni temperaturi 1 uro

TESTO RAZTEGNEMO IN PREPOGNEMO (ČAS VZHAJANJA 1,5 URE):
d) Na roke nanesite nekaj vode in testo v skledi raztegnite in prepognite tako, da robove zložite na sredino, robove za robom. Mokre roke olajšajo delo s testom, prepogibanje vseh 4 strani pa vam bo vzelo manj kot minuto. Pokrijte s plastično folijo in pustite testo počivati 30 minut.
e) Ponovite ta korak raztezanja in zlaganja, nato pokrijte s plastično folijo in pustite testo počivati še 30 minut. Nato zadnjič ponovite korak raztezanja in zgibanja ter pustite počivati še 30 minut. Po 3 krogih raztegovanja in zgibanja s 30-minutnimi odmori bo testo naraslo in se približno podvojilo.

OBLIKUJEMO TESTO (40 MINUT VZHAJANJA):
f) Testo prestavimo na pomokano površino. Upoštevajte, da bo testo še vedno zelo lepljivo in to je v redu. Testo potresemo z malo moke in ga oblikujemo v pravokotnik tako, da nežno potegnemo testo od spodaj. Pazite, da ne pritiskate na testo, ker se lahko zračne luknje, ujete v notranjosti, iztisnejo.
g) Testo razvaljamo v poleno in stisnemo rob, da se zapre. Razvaljano testo razdelite na 4-5 enakih delov in vsak kos položite vsaj dva

centimetra narazen, na dobro pomokano delovno površino. Testo pustimo počivati približno 40 minut. To se imenuje končno preverjanje.

PEKA ČABATE ZAVITKE:

h) Vsako testo previdno prenesite na s pergamentom obložen pekač velikosti 8 x 12 palcev. Ker je testo še precej lepljivo, ga potresemo z moko, da ga lažje obdelamo. Dati na stran.

i) Pekač napolnite z vodo in ga postavite na dno pečice. Pečico segrejte na 420 F in pustite, da se napolni s paro iz vode. Ko je pečica pripravljena, vanjo potisnemo pekač in testo takoj poškropimo z vodo. Pečemo 20 minut.

j) Pustite, da se kruh ohladi 20 minut.

k) Če želite preveriti, ali je kruh pečen, lahko s prstom potrkate po dnu kruha. Ko bodo pečeni, bo kruh zvenel votlo.

5.Aparat za kruh Ciabatta

SESTAVINE:
BIGA
- ⅛ čajne žličke instant kvasa ali kvasa za peko kruha
- ½ skodelice (114 g) vode, ohladite
- 1 skodelica (120 g) nebeljene večnamenske moke

TESTO ZA CIABATTO
- ½ skodelice (114 g) vode, ohladite
- ¼ skodelice (57 g) mleka, ohladite
- 1½ čajne žličke namizne ali morske soli
- 2 skodelici (240 g) nebeljene večnamenske moke
- ½ čajne žličke instant kvasa ali kvasa za peko kruha
- moke ali zdroba za pomokanje deske in rok

NAVODILA:
MEŠANJE BIGE
a) V pekač za peko kruha zmešajte ⅛ čajne žličke instant kvasa ali kvasa za kruhomat, ½ skodelice (114 g) vode, ohladite in 1 skodelico (120 g) nebeljene večnamenske moke. (Uporabite drugo posodo, če ne želite tako dolgo privezati aparata za kruh.) Izberite cikel DOUGH in ga vklopite za približno 5 minut, da se sestavine premešajo. Z majhno lopatico postrgajte odvečno moko iz vogalov v mokro mešanico moke. Izklopite ali odklopite stroj in pustite stati 12-24 ur.

b) Če bige ne porabite v 24 urah, postavite penasto mešanico v hladilnik. Okus se bo le izboljšal – do 3-4 dni. Pustite, da biga doseže sobno temperaturo, preden nadaljujete z naslednjim korakom.

MEŠANJE TESTA ZA CIABATTO
c) V navedenem vrstnem redu dodajte ½ skodelice (114 g) ohlajene vode, ¼ skodelice (57 g) hladnega mleka, 1½ čajne žličke kuhinjske ali morske soli, 2 skodelici (240 g) nebeljene večnamenske moke in ½ čajne žličke instant ali kruha strojno vstavite kvas v bigo v vašem stroju za kruh.

d) Izberite cikel TESTO in pritisnite start. Po 15-20 minutah odprite pokrov in preverite testo. Testo se mora začeti videti sijoče, vendar bo še vedno lepljivo. Testo se bo navijalo okoli vesla(a).

e) Če se testo sploh ne prijemlje ob straneh, dodajte vodo po 1 žlico naenkrat. Če je testo videti bolj kot gosto testo za palačinke, dodajte

dodatno moko po 1 žlico naenkrat. Če ste moko stehtali pravilno, upajmo, da ne bodo potrebne prilagoditve.
f) Ko se gnetenje ustavi, posodo odstranite iz stroja. Ne pustite, da se cikel TESTO konča kot običajno.
g) 3-litrsko kvadratno ali pravokotno posodo rahlo popršite z oljem. S čopičem ali roko premažite notranjost posode.
h) Z namazano lopatko odstranimo lepljivo testo iz pekača kruhomata v dobro namaščeno plastično posodo. Naoljite vse površine testa tako, da testo obrnete z lopatko.
i) Pokrijte in pustite, da testo vzhaja na sobni temperaturi. Ne poskušajte prehitevati. Pustimo, da se testo podvoji. To traja eno uro ali dlje, če je soba hladna.
j) Z namaščeno lopatko ga potisnite pod testo v vogalih in dvignite vsak vogal in vsako stran navzgor in do sredine.
k) Pokrijte in pustite stati 30 minut.
l) Ponovite prejšnji korak, da dvignete vogale testa proti sredini. Ponovno pustimo testo počivati 30 minut. To pomaga zagotoviti luknjasto teksturo

OBLIKOVANJE TESTA ZA CIABATTO

m) Za pomokanje deske in rok uporabite moko ali zdrob. Testo izpraznite tako, da posodo obrnete narobe na desko ali delovno površino. Testo mora biti v enaki kvadratni ali pravokotni obliki kot posoda, v kateri je vzhajalo. NE PRELUCAJTE TESTA NAVZDOL, kot bi običajno testo za kruh.
n) Namizno strgalo (ali velik nož) popršite ali premažite z oljčnim oljem. Z njim pravokotnik testa po dolgem razdelite na pol.
o) Ujemite dolge notranje robove vsake štruce z naoljenim namiznim strgalom in ga povlecite po vrhu približno do polovice in proti zunanjemu robu. Tako ostane več prostora med posameznimi hlebci.
p) Zdaj ujemite zunanji rob vsake štruce (tistega, ki je videti, kot da bo na tej točki padel s pladnja) z namizno strgalo. Spet ga povlecite čez štruco približno do polovice v smeri sredine pladnja.
q) Poravnajte in očistite obliko s pisalnim nožem. Z dobro namaščenimi ali pomokanimi prsti (kot bi igrali klavir) naredite jamice na površini testa.

DRUGI VRAČAJ IN PEKA

r) Če uporabljate silikonsko podlogo, preložite ali potegnite podlogo z oblikovanimi štrucami na pekač brez roba.

s) Če ne uporabljate silikonske podloge, z obilno pomokanimi rokami previdno prenesite dva valja testa na pripravljen pekač za piškote.

t) Hlebčke pokrijemo, da se testo ne izsuši in naredi skorjica. Z oljem lahko poškropite tudi večji kos plastične folije in z njim prekrijete štručke.

u) Pečico segrejte na 450°F (230°C).

v) Hlebčke pustimo počivati približno 30-45 minut ali dokler se ne napihnejo.

w) Hlebce poškropite z vodo z razpršilom. Pečemo pri 450° F (230°C) 18-20 minut. V prvih 5 minutah peke štruce poškropite še enkrat ali dvakrat. Naredite to hitro, da vaša pečica ne izgubi preveč toplote.

x) Hlebci so pečeni, ko je skorja zlato rjava in notranja temperatura doseže 210°F (98°C).

y) Pustite, da se štruce ohlajajo na rešetki za hlajenje vsaj eno uro, preden jih narežete.

6.Riževa ciabatta

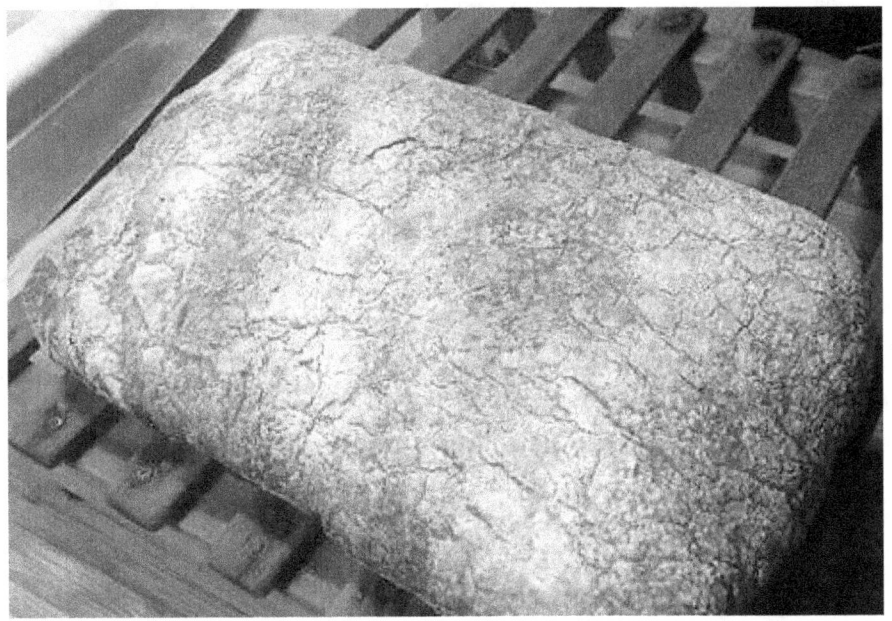

SESTAVINE:
VEČNAMENSKA MEŠANICA MOKE BREZ GLUTENA
- 6 skodelic kameno mlete bele riževe moke
- 3 1/4 skodelice sirkove moke
- 1 3/4 skodelice tapiokine moke ali škroba
- 1 1/4 skodelice krompirjevega škroba
- 1/4 skodelice ksantanskega gumija ali luščine psiliuma v prahu

KRUH CIABATTA BREZ GLUTENA
- 6 1/2 skodelic večnamenske mešanice moke brez glutena
- 1 žlica instant kvasa ali suhega aktivnega kvasa
- 1 do 1 1/2 žlice grobe košer soli
- 2 žlici rafiniranega sladkorja
- 3 3/4 skodelice mlačne vode
- pergamentni papir ali koruzni zdrob

NAVODILA:
VEČNAMENSKA MEŠANICA MOKE BREZ GLUTENA
a) Stepite in zmešajte sestavine v 5- do 6-litrski posodi s pokrovom.
b) Končajte tako, da dvignete posodo in močno stresate, dokler se moki popolnoma ne zmešata.

KRUH CIABATTA BREZ GLUTENA
c) V 5 do 6-litrski skledi ali stoječem mešalniku zmešajte moko, kvas, sol in sladkor.
d) Dodajte mlačno vodo – mlačna voda (100ºF) bo omogočila, da testo naraste do prave točke za shranjevanje v približno 2 urah.
e) Mešajte z nastavkom mešalnika, dokler zmes ni zelo gladka, približno eno minuto. Druga možnost je, da z žlico ali lopatico dobro mešamo ročno eno do dve minuti. Gnetenje ni potrebno. Mešanico prenesite v posodo s hrano s pokrovom (ne nepredušno).
f) Pokrijte s pokrovom, ki se dobro prilega posodi, vendar ga je mogoče odpreti, tako da ni popolnoma nepredušen. Tudi plastična folija je v redu. Pustite mešanico vzhajati pri sobni temperaturi približno 2 uri; nato ga ohladite in uporabite v naslednjih 10 dneh. Del testa lahko uporabite kadarkoli po 2 urah vzhajanja. Popolnoma ohlajeno mokro testo je manj lepljivo in z njim je lažje delati kot s

testom pri sobni temperaturi, vendar karkoli že počnete, testa ne preluknjajte – to je nepotrebno pri peki kruha brez glutena.

g) Na dan peke: odvlecite 1 funt (velikost grenivke) kos testa, nato ga položite na lupino za pico, pripravljeno z veliko koruzne moke, ali na velik kos pergamentnega papirja. Testo nežno stisnite v podolgovat oval debeline 3/4 palca, ki meri približno 9 krat 5 palcev. Z mokrimi prsti zgladite površino. Po vrhu posujte z riževo moko in ohlapno pokrijte s plastično folijo ali prevrnjeno skledo.

h) Pustite počivati na sobni temperaturi 30 minut. Testo po 30 minutah ne bo videti, kot da je veliko naraslo – to je normalno. Odstranite plastično folijo in potresite z več moke, če se je večina odlepila ali se je vpila.

i) Medtem ko testo počiva, segrevajte kamen za peko ali jeklo za peko blizu sredine pečice, nastavljeno na 450ºF, 30 minut. Druga možnost je, da segrevate nizozemsko pečico s pokrovom za 45 minut na 450ºF. Če uporabljate kamen ali jeklo, postavite prazen kovinski pladenj za brojlerje za vodo na polico pod kamnom ali jeklom.

j) Hlebček stresite na predhodno segret kamen. Hitro in previdno nalijte 1 skodelico vroče vode iz pipe v kovinski pladenj za brojlerje in zaprite vrata pečice, da ujamete paro. Če na jeklu ali kamnu uporabljate pergamentni papir, ga odstranite po 20 minutah. Štruco pečemo skupaj 35 minut. Druga možnost je, da uporabite kos pergamentnega papirja kot ročaje in previdno spustite pergamentni papir, obložen s testom, v predhodno segret lonec. Pokrijte in postavite v pečico. Ni potrebe po parni kopeli z nizozemsko pečico. Če uporabljate predhodno segreto posodo, po 30 minutah odstranite pokrov in pecite še 5 minut nepokrito oziroma dokler skorja ni bogato porjavela.

k) Pustite, da se kruh popolnoma ohladi, približno 2 uri, na rešetki. Brezglutenski kruh potrebuje dve uri ohlajanja, da se popolnoma strdi.

l) Preostalo testo shranite v hladilniku v posodi s pokrovom ali ohlapno plastično oviti in jo uporabite v naslednjih 10 dneh. Če vaša posoda ni prezračena, pustite plinom, da uhajajo, tako da pustite pokrov odprt prvih nekaj dni v hladilniku. Po tem se lahko zapre.

7.Ciabatta iz mandljeve moke

SESTAVINE:
- 2 skodelici mandljeve moke
- 1/2 skodelice kokosove moke
- 2 1/4 čajne žličke aktivnega suhega kvasa (1 paket)
- 1 čajna žlička soli
- 1 1/2 skodelice tople vode
- 1 žlica medu (ali sladilo po vaši izbiri)
- 2 žlici olivnega olja
- 1 čajna žlička ksantanskega gumija (neobvezno)

NAVODILA:
a) V veliki posodi za mešanje zmešajte mandljevo moko, kokosovo moko, aktivni suhi kvas in sol. Dobro jih premešamo.
b) V ločeni skledi zmešajte toplo vodo, med (ali izbrano sladilo) in olivno olje. Mešajte, dokler se med ne raztopi.
c) Mokro mešanico vlijemo v suhe sestavine in jih mešamo, dokler ne nastane testo. Če želite, lahko na tej točki dodate ksantan gumi za boljšo teksturo, vendar ni obvezno.
d) Ko je testo dobro premešano, ga na pekaču, obloženem s peki papirjem, oblikujemo v obliko ciabatte.
e) Pečico segrejte na 350 °F (175 °C).
f) Pustimo ciabatto vzhajati približno 20 minut. V tem času ga lahko pokrijete s čisto kuhinjsko krpo.
g) Po času vzhajanja ciabatto pecite v ogreti pečici približno 35-40 minut oziroma toliko časa, da na zunaj zlato rjavo zapeče in ob udarcu po njej zazveni votlo.
h) Pustite, da se ciabatta ohladi, preden jo narežete in postrežete.

8.Ciabatta iz kasavine moke

SESTAVINE:
- 2 skodelici kasavine moke
- 1 skodelica tapiokine moke
- 2 1/4 čajne žličke aktivnega suhega kvasa (1 paket)
- 1 čajna žlička soli
- 1 1/2 skodelice tople vode
- 1 žlica sladkorja
- 2 žlici olivnega olja
- 1 čajna žlička ksantanskega gumija (neobvezno)

NAVODILA:
a) V veliki skledi za mešanje zmešajte moko kasave, tapiokino moko, aktivni suhi kvas in sol. Temeljito jih premešajte.
b) V ločeni posodi zmešajte toplo vodo, sladkor in olivno olje. Mešajte, dokler se sladkor popolnoma ne raztopi.
c) Mokro mešanico vlijemo v skledo s suhimi sestavinami in jih mešamo, dokler ne nastane testo. Če želite, lahko na tej točki dodate ksantan gumi za izboljšano teksturo, vendar ni obvezno.
d) Ko je testo dobro premešano, ga na pekaču, obloženem s peki papirjem, oblikujemo v ciabatto.
e) Pečico segrejte na 350 °F (175 °C).
f) Pustite ciabatto vzhajati približno 20 minut. V tem času ga lahko pokrijete s čisto kuhinjsko krpo.
g) Po vzhajanju ciabatto pečemo v ogreti pečici približno 35-40 minut oziroma toliko časa, da na zunaj zlato rjavo zapeče in ob udarcu po njej zazveni votlo.
h) Pustite, da se ciabatta ohladi, preden jo narežete in postrežete.

9. Ciabatta iz čičerikine moke

SESTAVINE:
- 2 skodelici čičerikine moke
- 1/2 skodelice krompirjevega škroba
- 2 1/4 čajne žličke aktivnega suhega kvasa (1 paket)
- 1 čajna žlička soli
- 1 1/2 skodelice tople vode
- 1 žlica sladkorja
- 2 žlici olivnega olja
- 1 čajna žlička ksantanskega gumija (neobvezno)

NAVODILA:
a) V veliki posodi za mešanje zmešajte čičerikino moko, krompirjev škrob, aktivni suhi kvas in sol. Temeljito jih premešajte.
b) V ločeni posodi zmešajte toplo vodo, sladkor in olivno olje. Mešajte, dokler se sladkor popolnoma ne raztopi.
c) Mokro mešanico vlijemo v skledo s suhimi sestavinami in jih mešamo, dokler ne nastane testo. Če želite, lahko na tej točki dodate ksantan gumi za izboljšano teksturo, vendar ni obvezno.
d) Ko je testo dobro premešano, ga na pekaču, obloženem s peki papirjem, oblikujemo v ciabatto.
e) Pečico segrejte na 350 °F (175 °C).
f) Pustite ciabatto vzhajati približno 20 minut. V tem času ga lahko pokrijete s čisto kuhinjsko krpo.
g) Po času vzhajanja ciabatto pečemo v ogreti pečici približno 35-40 minut oziroma toliko časa, da na zunaj zlato rjavo zapeče in ob udarjanju po njej zazveni votlo.
h) Pustite, da se ciabatta ohladi, preden jo narežete in postrežete.

10. Ciabatta iz ajdove moke

SESTAVINE:
- 2 skodelici ajdove moke
- 1 skodelica rjave riževe moke
- 2 1/4 čajne žličke aktivnega suhega kvasa (1 paket)
- 1 čajna žlička soli
- 1 1/2 skodelice tople vode
- 1 žlica medu (ali sladilo po vaši izbiri)
- 2 žlici olivnega olja
- 1 čajna žlička ksantanskega gumija (neobvezno)

NAVODILA:

a) V veliki skledi za mešanje zmešajte ajdovo moko, moko iz rjavega riža, aktivni suhi kvas in sol. Temeljito jih premešajte.

b) V ločeni skledi zmešajte toplo vodo, med (ali izbrano sladilo) in olivno olje. Mešajte, dokler se med popolnoma ne raztopi.

c) Mokro mešanico vlijemo v skledo s suhimi sestavinami in jih mešamo, dokler ne nastane testo. Če želite, lahko na tej točki dodate ksantan gumi za izboljšano teksturo, vendar ni obvezno.

d) Ko je testo dobro premešano, ga na pekaču, obloženem s peki papirjem, oblikujemo v ciabatto.

e) Pečico segrejte na 350 °F (175 °C).

f) Pustite ciabatto vzhajati približno 20 minut. V tem času ga lahko pokrijete s čisto kuhinjsko krpo.

g) Po času vzhajanja ciabatto pečemo v ogreti pečici približno 35-40 minut oziroma toliko časa, da na zunaj zlato rjavo zapeče in ob udarjanju po njej zazveni votlo.

h) Pustite, da se ciabatta ohladi, preden jo narežete in postrežete.

11. Teff Flour Ciabatta

SESTAVINE:
- 2 skodelici teff moke
- 1 skodelica tapiokine moke
- 2 1/4 čajne žličke aktivnega suhega kvasa (1 paket)
- 1 čajna žlička soli
- 1 1/2 skodelice tople vode
- 1 žlica sladkorja
- 2 žlici olivnega olja
- 1 čajna žlička ksantanskega gumija (neobvezno)

NAVODILA:
a) V veliki skledi za mešanje zmešajte teff moko, tapiokino moko, aktivni suhi kvas in sol. Temeljito jih premešajte.
b) V ločeni posodi zmešajte toplo vodo, sladkor in olivno olje. Mešajte, dokler se sladkor popolnoma ne raztopi.
c) Mokro mešanico vlijemo v skledo s suhimi sestavinami in jih mešamo, dokler ne nastane testo. Če želite, lahko na tej točki dodate ksantan gumi za izboljšano teksturo, vendar ni obvezno.
d) Ko je testo dobro premešano, ga na pekaču, obloženem s peki papirjem, oblikujemo v ciabatto.
e) Pečico segrejte na 350 °F (175 °C).
f) Pustite ciabatto vzhajati približno 20 minut. V tem času ga lahko pokrijete s čisto kuhinjsko krpo.
g) Po vzhajanju ciabatto pečemo v ogreti pečici približno 35-40 minut oziroma toliko časa, da na zunaj zlato rjavo zapeče in ob udarcu po njej zazveni votlo.
h) Pustite, da se ciabatta ohladi, preden jo narežete in postrežete.

12.Ciabatta iz sirkove moke

SESTAVINE:
- 2 skodelici sirkove moke
- 1 skodelica krompirjevega škroba
- 2 1/4 čajne žličke aktivnega suhega kvasa (1 paket)
- 1 čajna žlička soli
- 1 1/2 skodelice tople vode
- 1 žlica sladkorja
- 2 žlici olivnega olja
- 1 čajna žlička ksantanskega gumija (neobvezno)

NAVODILA:
a) V veliki skledi za mešanje zmešajte sirkovo moko, krompirjev škrob, aktivni suhi kvas in sol. Temeljito jih premešajte.
b) V ločeni posodi zmešajte toplo vodo, sladkor in olivno olje. Mešajte, dokler se sladkor popolnoma ne raztopi.
c) Mokro mešanico vlijemo v skledo s suhimi sestavinami in jih mešamo, dokler ne nastane testo. Če želite, lahko na tej točki dodate ksantan gumi za izboljšano teksturo, vendar ni obvezno.
d) Ko je testo dobro premešano, ga na pekaču, obloženem s peki papirjem, oblikujemo v ciabatto.
e) Pečico segrejte na 350 °F (175 °C).
f) Pustite ciabatto vzhajati približno 20 minut. V tem času ga lahko pokrijete s čisto kuhinjsko krpo.
g) Po času vzhajanja ciabatto pečemo v ogreti pečici približno 35-40 minut oziroma toliko časa, da na zunaj zlato rjavo zapeče in ob udarjanju po njej zazveni votlo.
h) Pustite, da se ciabatta ohladi, preden jo narežete in postrežete.

SADNA CIABATTA

13. Pizza Ciabatta s hruško in gorgonzolo

SESTAVINE:
- 1 serija osnovnega testa za ciabatto
- 2 zreli hruški, narezani na tanke rezine
- 1/2 skodelice zdrobljenega sira gorgonzola
- 2 žlici medu
- 1/4 skodelice sesekljanih orehov
- Listi svežega timijana za okras

NAVODILA:
a) Pečico segrejte na 425 °F (220 °C).
b) Pripravite osnovno testo za ciabatto po svojem najljubšem receptu.
c) Ko je testo vzhajano, ga preluknjamo in razdelimo na dva enaka dela.
d) Vsak del testa na pomokani površini razvaljamo v tanek krog.
e) Razvaljano testo prestavimo na pekač, obložen s peki papirjem.
f) Med enakomerno pokapajte po površini vsakega testenega kroga.
g) Po medu razporedimo na tanke rezine narezane hruške.
h) Po hruškah potresemo nadrobljen sir gorgonzolo in sesekljane orehe.
i) Pečemo v predhodno ogreti pečici 15-20 minut oziroma dokler skorja ciabatte ni zlato rjava in hrustljava.
j) Odstranite iz pečice in pustite, da se nekoliko ohladi, preden ga narežete.
k) Pred serviranjem okrasite s svežimi listi timijana.

14. Francoski toast ciabatta, polnjen s češnjami in maskarponejem

SESTAVINE:
- 1 serija osnovnega testa za ciabatto
- 1 skodelica izkoščičenih češenj, prepolovljenih
- 4 unče mascarpone sira
- 4 velika jajca
- 1/2 skodelice mleka
- 2 žlici granuliranega sladkorja
- 1 čajna žlička vanilijevega ekstrakta
- Javorjev sirup za serviranje

NAVODILA:
a) Pečico segrejte na 375 °F (190 °C).
b) Pripravite osnovno testo za ciabatto po svojem najljubšem receptu.
c) Ko je testo vzhajano, ga preluknjamo in razdelimo na štiri enake dele.
d) Vsak del testa na pomokani površini razvaljamo v majhen pravokotnik.
e) Mascarpone sir enakomerno porazdelite po polovici vsakega pravokotnika testa.
f) Na mascarpone sir položimo polovice češenj.
g) Drugo polovico testa prepognemo čez nadev, da oblikujemo žepek in zalepimo robove.
h) V plitvi posodi zmešajte jajca, mleko, kristalni sladkor in vanilijev ekstrakt, da dobite testo za francoski toast.
i) Vsak polnjen žepek ciabatte pomočite v testo za francoske toaste in premažite obe strani.
j) Nadevane žepke ciabatte polagamo na pekač, obložen s peki papirjem.
k) Pečemo v predhodno ogreti pečici 20-25 minut oziroma dokler ciabatta ni zlato rjava in pečena.
l) Postrezite toplo z javorjevim sirupom.

15.Zvitki ciabatta, polnjeni z jabolčnim cimetom

SESTAVINE:
- 1 serija osnovnega testa za ciabatto
- 2 jabolki, olupljeni, brez peščic in narezani na kocke
- 2 žlici nesoljenega masla
- 1/4 skodelice rjavega sladkorja
- 1 čajna žlička mletega cimeta
- 1/4 čajne žličke mletega muškatnega oreščka
- 1 žlica limoninega soka
- Sladkor v prahu za posipanje (neobvezno)

NAVODILA:
a) Pečico segrejte na 375 °F (190 °C).
b) Pripravite osnovno testo za ciabatto po svojem najljubšem receptu.
c) V ponvi na zmernem ognju raztopimo maslo. Dodamo na kocke narezana jabolka in kuhamo, dokler se ne zmehčajo, približno 5-7 minut.
d) Vmešajte rjavi sladkor, mleti cimet, mleti muškatni oreček in limonin sok. Kuhajte še 2-3 minute, dokler zmes ne karamelizira in zadiši. Odstranite z ognja in pustite, da se nekoliko ohladi.
e) Testo za ciabatto razdelite na majhne porcije. Vsak del sploščite v krog.
f) Jabolčno mešanico z žlico nanesite na sredino vsakega kroga ciabatte.
g) Robove testa za ciabatto zapognemo čez jabolčni nadev, stisnemo robove, da se zaprejo in oblikujemo kroglico.
h) Nadevane ciabatte zvitke položimo na pekač, obložen s peki papirjem.
i) Pečemo v predhodno ogreti pečici 15-20 minut, oziroma dokler zvitki niso zlato rjavi in pečeni.
j) Odstranite iz pečice in pustite, da se nekoliko ohladi. Pred serviranjem po želji potresemo s sladkorjem v prahu.

16. Brusnično orehova polnozrnata ciabatta

SESTAVINE:
- 1 1/2 skodelice tople vode (110 °F ali 45 °C)
- 2 1/4 čajne žličke aktivnega suhega kvasa (1 paket)
- 1 čajna žlička sladkorja
- 3 1/2 skodelice polnozrnate moke
- 1 1/2 čajne žličke soli
- 1/2 skodelice posušenih brusnic
- 1/2 skodelice sesekljanih orehov
- 1 žlica oljčnega olja
- Koruzni zdrob ali zdrobova moka (za posip)

NAVODILA:
a) V majhni skledi zmešajte toplo vodo, kvas in sladkor. Pustite stati približno 5-10 minut, dokler zmes ne postane penasta.
b) V veliki skledi za mešanje zmešajte polnozrnato moko in sol. Na sredini mešanice moke naredite jamico.
c) V jamico v moki vlijemo kvasno zmes in olivno olje.
d) Sestavine mešamo, dokler ne nastane testo.
e) Testo gnetemo na pomokani površini približno 8-10 minut, dokler ne postane gladko in elastično. Če je testo preveč lepljivo, lahko dodate še malo moke.
f) Testo damo v rahlo naoljeno skledo, pokrijemo s čisto krpo ali plastično folijo in pustimo vzhajati na toplem brez prepiha približno 1 uro oziroma dokler se ne podvoji.
g) Pečico segrejte na 450 °F (230 °C). Pekač ali obrnjen pekač postavite v pečico, ko se predhodno segreje. Če imate kamen za pico, je ta odličen za peko ciabatte.
h) Testo preluknjamo in ga razdelimo na dva enaka dela.
i) Vsak del razvaljajte v dolgo, tanko ciabatto. Testo lahko oblikujemo z rokami ali pa ga razvaljamo na pomokani površini in nato prestavimo na pekač ali olupek za pico, potresen s koruzno ali zdrobovo moko.
j) Po vrhu vsake ciabatte enakomerno potresemo suhe brusnice in sesekljane orehe ter jih nežno vtisnemo v testo.
k) Oblikovane čabate pokrijemo s čisto krpo in pustimo še enkrat vzhajati približno 20-30 minut.

l) Z ostrim nožem ali britvico naredite diagonalne zareze po vrhovih ciabatte. To jim pomaga razširiti in razviti klasični videz ciabatte.
m) Ciabatto previdno prestavimo v segreto pečico, lahko neposredno na pekač ali na vroč pekač. Bodite previdni pri odpiranju pečice; vroče je!
n) Pečemo približno 25-30 minut oziroma dokler ciabatta ni zlato rjave barve in ob udarjanju po dnu zveni votlo.
o) Pustite, da se ciabatta ohladi na rešetki, preden jo narežete in postrežete.

17. Marelična ciabatta z medeno glazuro

SESTAVINE:
- 2 skodelici moke
- 1,5 skodelice vode
- 1 žlička kvasa
- 1 žlica soli
- 10 suhih marelic, čez noč namočenih v pomarančnem soku
- 3 žlice medu
- 1 žlica masla
- 1 žlica mandljevih kosmičev
- 1 žlica rozin

NAVODILA:
a) Začnite z zbiranjem vseh sestavin.
b) Za lažjo pripravo testa vzemite moko v globoko skledo. V moko dodamo kvas in sol, nato stepemo in vse dobro premešamo.
c) Dodamo vodo in dobro premešamo z mešanico moke. Na tej točki boste imeli lepljivo testo.
d) Skledo, v kateri je testo, pokrijemo s prozorno folijo in pustimo počivati 45 minut.
e) Po 45 minutah si zmočimo roke in testo nekaj minut prepognemo. Testo je lahko še nekoliko lepljivo. Ta korak ponovite trikrat, pri čemer je vsako ponovitev ločeno s 45-minutnim intervalom.
f) Po zadnjih 45 minutah delovno površino potresemo z moko in nanjo prestavimo testo. Tudi na testo potresemo nekaj moke.
g) Testo razdelite na 4 enake dele.
h) Vzamemo en del, ga potlačimo in namažemo ter nato zvaljamo v ciabatto. Ta postopek ponovite z ostalimi deli.
i) Razvaljano testo položimo na pekač, obložen s peki papirjem ali namaščen. Pokrijemo ga s prtičkom iz blaga in pustimo počivati še 20 minut.
j) Pečico segrejemo na 200 stopinj Celzija. Medtem ko se pečica segreva, odstranimo prtiček in na testo rahlo poškropimo vodo. Na vrhu testa z ostrim nožem naredite nekaj zarez. Pečemo 30 minut.
k) Po 30 minutah boste imeli čudovito zlato ciabatto.

l) Sedaj pa pripravimo še marelice v medu. Iz marelic odcedimo pomarančni sok. V ponvi raztopimo maslo in ko se segreje dodamo marelice.
m) Marelice kuhamo toliko časa, da se na obeh straneh zlato zapečejo.
n) V ponev dodajte med in dobro premešajte, da ustvarite sijajno glazuro za marelice.
o) Čas je za sestavljanje posode. Ciabatto narežite na želene oblike in jih obložite z medeno glaziranimi marelicami. Okrasite z mandljevimi lističi in rozinami.

18. Ciabatta z borovnicami in limono

SESTAVINE:
- 1 paket kvasa
- 1½ žlice medu
- 1¼ skodelice tople vode
- 1½ skodelice moke za kruh
- 1½ skodelice polnozrnate pšenične moke
- 1 čajna žlička soli
- 1 skodelica svežih borovnic
- Lupina 1 limone
- ¼ skodelice limoninega soka
- Maslo (za premazovanje sklede)
- 1 jajce (stepeno, za glazuro)

NAVODILA:
a) Kvas in med raztopite v ¼ skodelice tople vode in pustite stati, dokler se ne speni, približno 10 minut.
b) V kuhinjskem robotu, opremljenem s plastičnim rezilom za testo, zmešajte moko za kruh, polnozrnato moko in sol. Postopek traja približno 30 sekund.
c) Mešanico kvasa dodajte v kuhinjski robot, ko stroj deluje. Skozi dovodno cev počasi dodajte preostalo 1 skodelico vode. Obdelujte, dokler testo ne dvigne stene sklede in ni več suho, približno 1 minuto.
d) Testo zvrnemo na rahlo pomokano desko.
e) Gnetite sveže borovnice in limonino lupinico približno 5 minut ali dokler niso enakomerno porazdeljeni.
f) Večjo skledo premažemo z maslom. Testo prenesite v sklede in ga obrnite, da vrh premažete z maslom. Pokrijte s plastično folijo in brisačo ter pustite vzhajati na toplem, dokler se testo ne podvoji, približno 1 do 1-1 ure.
g) Pečico segrejte na 425 °F (220 °C).
h) Testo ponovno zvrnemo na rahlo pomokano desko.
i) Prelukrnjajte navzdol, da odstranite zračne mehurčke, in testo oblikujte v obliko ciabatte, dolgo približno 15-16 palcev.
j) Oblikovano testo prestavimo v z maslom namazan pekač ali pekač za ciabatto.

k) Pokrijte s plastično folijo in brisačo ter pustite vzhajati, dokler se testo skoraj ne podvoji, približno 45 minut.
l) Ciabatto namažite s stepenim jajcem.
m) Pečemo 30 do 40 minut, dokler se ciabatta dobro ne zapeče in ob udarjanju zazveni votlo.
n) Medtem ko se ciabatta peče, pripravimo limonino glazuro, tako da limonin sok zmešamo z malo medu.
o) Ko je ciabatta pečena, jo vzemite iz pečice in jo takoj premažite z limonino glazuro, da dodate rahel okus limone.
p) Pustite, da se ciabatta ohladi nekaj minut, preden jo narežete.
q) Ciabatto narežite na posamezne porcije in uživajte v borovničevi in limonini ciabatti.

19.Figa in brie polnozrnata ciabatta

SESTAVINE:
- 1 1/2 skodelice tople vode (110 °F ali 45 °C)
- 2 1/4 čajne žličke aktivnega suhega kvasa (1 paket)
- 1 čajna žlička sladkorja
- 3 1/2 skodelice polnozrnate moke
- 1 1/2 čajne žličke soli
- 1/2 skodelice suhih fig, sesekljanih
- 4 oz sira Brie, narezanega na kocke
- 1 žlica olivnega olja
- Koruzni zdrob ali zdrobova moka (za posip)

NAVODILA:
a) V majhni skledi zmešajte toplo vodo, kvas in sladkor. Pustite stati približno 5-10 minut, dokler zmes ne postane penasta.
b) V veliki skledi za mešanje zmešajte polnozrnato moko in sol. Na sredini mešanice moke naredite jamico.
c) V jamico v moki vlijemo kvasno zmes in olivno olje.
d) Sestavine mešamo, dokler ne nastane testo.
e) Testo gnetemo na pomokani površini približno 8-10 minut, dokler ne postane gladko in elastično. Če je testo preveč lepljivo, lahko dodate še malo moke.
f) Testo damo v rahlo naoljeno skledo, pokrijemo s čisto krpo ali plastično folijo in pustimo vzhajati na toplem brez prepiha približno 1 uro oziroma dokler se ne podvoji.
g) Pečico segrejte na 450 °F (230 °C). Pekač ali obrnjen pekač postavite v pečico, ko se predhodno segreje. Če imate kamen za pico, je ta odličen za peko ciabatte.
h) Testo preluknjamo in ga razdelimo na dva enaka dela.
i) Vsak del razvaljajte v dolgo, tanko ciabatto. Testo lahko oblikujemo z rokami ali pa ga razvaljamo na pomokani površini in nato prestavimo na pekač ali olupek za pico, potresen s koruzno ali zdrobovo moko.
j) V testo enakomerno vtisnemo narezane suhe fige in rezine ali kocke brie sira.
k) Oblikovane čabate pokrijemo s čisto krpo in pustimo še enkrat vzhajati približno 20-30 minut.

l) Z ostrim nožem ali britvico naredite diagonalne zareze po vrhovih ciabatte. To jim pomaga razširiti in razviti klasični videz ciabatte.
m) Ciabatto previdno prestavimo v segreto pečico, lahko neposredno na pekač ali na vroč pekač. Bodite previdni pri odpiranju pečice; vroče je!
n) Pečemo približno 25-30 minut oziroma dokler ciabatta ni zlato rjave barve in ob udarjanju po dnu zveni votlo.
o) Pustite, da se ciabatta ohladi na rešetki, preden jo narežete in postrežete.
p) Uživajte v domači polnozrnati ciabatti iz fig in Brie s čudovito kombinacijo sladkih fig in kremastega sira Brie!

ZELIŠČANA ČABATA

20.Rožmarin česen ciabatta

SESTAVINE:
- 500 g močne moke za beli kruh
- 10 g soli
- 7 g instant kvasa
- 350 ml mlačne vode
- 2 žlici olivnega olja
- 2 stroka česna, nasekljana
- 1 žlica sesekljanega svežega rožmarina
- Dodatno olivno olje za ščetkanje

NAVODILA:
a) V skledi zmešamo moko, sol in kvas. Dodajte vodo in olivno olje, nato gnetite do gladkega.
b) Pokrijte in pustite vzhajati, dokler se ne podvoji.
c) Pečico segrejte na 220 °C (425 °F).
d) Testo preluknjamo in oblikujemo v štruco ciabatta.
e) Položimo na pekač, pokrijemo in ponovno pustimo vzhajati.
f) Zmešajte sesekljan česen in sesekljan rožmarin z nekaj olivnega olja. S čopičem premažite mešanico po ciabatti.
g) Pečemo 25-30 minut do zlato rjave barve. Pred rezanjem ohladite na rešetki.

21. Česnova parsely ciabatta

SESTAVINE:
- 1 štruca ciabatta
- ½ skodelice soljenega masla
- 4 stroki česna
- 2 žlici fino naribanega parmezana plus dodatek za posip po vročem česnovem kruhu
- 2 žlici drobno sesekljanega ploščatega peteršilja
- ⅛ čajne žličke fine soli

NAVODILA:
a) Pečico segrejte na 425ºF/220ºC in pripravite velik pekač.
b) Ciabatto po dolžini razpolovite in s prerezano stranjo navzgor položite na pekač.
c) Olupite in drobno sesekljajte stroke česna. Potresemo s soljo in nato s ploščatim rezilom noža zmečkamo sesekljan česen. Pojdite čez kup česna, nato vse skupaj postrgajte in ponovite. To naredite večkrat, dokler česen ne postane fina pasta.
d) V majhni skledi za mešanje zmešajte maslo, sesekljan česen, parmezan in peteršilj.
e) Masleno mešanico s paletnim nožem ali podobnim namažite v tankem in enakomernem sloju čez prerezano stran obeh polovic kruha.
f) Pečemo 10-15 minut, dokler se maslo ne stopi in kruh rahlo zlato rjavo zapeče. Odstranite iz pečice in takoj potresite z ekstra naribanim parmezanom. Narežite na 2 palca (5 cm) rezine in postrezite vroče.

22. Rosemary Ciabatta

SESTAVINE:
- 1 čebulica česna
- 1 čajna žlička soli
- 1 žlica olivnega olja
- 4 vejice rožmarina
- samo igle
- 1 štruca ciabatta
- 1 ščepec grobe morske soli

NAVODILA:
a) Česnu odrežemo vrh (tako da vidimo stroke) in čebulo položimo v ognjevarno posodo.
b) Potresemo z žličko soli in žlico olivnega olja.
c) To eno uro postavimo v pečico, segreto na 190 stopinj Celzija.
d) Ko česen vzamemo iz pečice, ga pustimo, da se na kratko ohladi in nato stisnemo česen v skledo.
e) Dodajte 60 ml oljčnega olja in dobro premešajte.
f) Temperaturo pečice dvignemo na 225 stopinj.
g) Kruh zarežemo z nožem, ne skoz in skoz (približno 1 cm nad podlago).
h) Strani namažite z mešanico česna in oljčnega olja.
i) Kruh potresemo z rožmarinom in 1 žlico grobe morske soli. Pokapljamo z malo olivnega olja.
j) Postavite kruh v pečico in pustite, da se kruh peče 20 do 25 minut.
k) Ko kruh potemni, ga lahko pokrijemo z alu folijo.

23. Polnozrnata ciabatta z rožmarinom

SESTAVINE:

- 1 1/2 skodelice tople vode (110 °F ali 45 °C)
- 2 1/4 čajne žličke aktivnega suhega kvasa (1 paket)
- 1 čajna žlička sladkorja
- 3 1/2 skodelice polnozrnate moke
- 1 1/2 čajne žličke soli
- 1 žlica olivnega olja
- 1 1/2 žlice svežega rožmarina, drobno sesekljanega (ali 1 1/2 žličke posušenega rožmarina)
- Koruzni zdrob ali zdrobova moka (za posip)

NAVODILA:

a) V majhni skledi zmešajte toplo vodo, kvas in sladkor. Pustite stati približno 5-10 minut, dokler zmes ne postane penasta.
b) V veliki skledi za mešanje zmešajte polnozrnato moko, sol in sesekljan rožmarin. Na sredini mešanice moke naredite jamico.
c) V jamico v moki vlijemo kvasno zmes in olivno olje.
d) Sestavine mešamo, dokler ne nastane testo.
e) Testo gnetemo na pomokani površini približno 8-10 minut, dokler ne postane gladko in elastično. Če je testo preveč lepljivo, lahko dodate še malo moke.
f) Testo damo v rahlo naoljeno skledo, pokrijemo s čisto krpo ali plastično folijo in pustimo vzhajati na toplem brez prepiha približno 1 uro oziroma dokler se ne podvoji.
g) Pečico segrejte na 450 °F (230 °C). Pekač ali obrnjen pekač postavite v pečico, ko se predhodno segreje. Če imate kamen za pico, je ta odličen za peko ciabatte.
h) Testo preluknjamo in ga razdelimo na dva enaka dela.
i) Vsak del razvaljajte v dolgo, tanko ciabatto. Testo lahko oblikujemo z rokami ali pa ga razvaljamo na pomokani površini in nato prestavimo na pekač ali olupek za pico, potresen s koruzno ali zdrobovo moko.
j) Oblikovane čabate pokrijemo s čisto krpo in pustimo še enkrat vzhajati približno 20-30 minut.
k) Z ostrim nožem ali britvico naredite diagonalne zareze po vrhovih ciabatte. To jim pomaga razširiti in razviti klasični videz ciabatte.

l) Ciabatto previdno prestavimo v segreto pečico, lahko neposredno na pekač ali na vroč pekač. Bodite previdni pri odpiranju pečice; vroče je!
m) Pečemo približno 25-30 minut oziroma dokler ciabatta ni zlato rjave barve in ob udarjanju po dnu zveni votlo.
n) Pustite, da se ciabatta ohladi na rešetki, preden jo narežete in postrežete.
o) Uživajte v domači polnozrnati ciabatti z rožmarinom s čudovito aromo in okusom rožmarina!

OREHOVA ČABATTA

24. Ciabatta z orehi in rozinami

SESTAVINE:
- 1 paket kvasa
- 1½ žlice medu
- 1¼ skodelice tople vode
- 1½ skodelice moke za kruh
- 1½ skodelice polnozrnate pšenične moke
- 1 čajna žlička soli
- ¾ skodelice orehovih polovic ali pistacij
- ¾ skodelice ribeza
- ¼ skodelice zlatih rozin
- maslo; za oblaganje posode
- 1 jajce; tolčen, za glazuro

NAVODILA:
a) Kvas in med raztopite v ¼ skodelice tople vode in pustite stati, dokler se ne speni, približno 10 minut.
b) V kuhinjskem robotu, opremljenem s plastičnim rezilom za testo, zmešajte moko in sol. Postopek približno 30 sekund. Dodajte orehe in kuhajte še 15 sekund. Ko stroj deluje, nalijte mešanico kvasa skozi dovodno cev.
c) Ko stroj deluje, skozi dovodno cev počasi dodajte 1 skodelico vode.
d) Obdelujte, dokler testo ne dvigne stene sklede in ni več suho, še približno 1 minuto. Prevrnemo na rahlo pomokano desko in gnetemo ribez in rozine približno 5 minut.
e) Večjo skledo premažemo z maslom. Testo prenesite v skledo in ga obrnite, da vrh premažete z maslom. Pokrijte s plastično folijo in brisačo ter pustite vzhajati na toplem, dokler se masa testa ne podvoji, približno 1 do 1-1 ure.
f) Testo zvrnemo na rahlo pomokano desko. Preluknjajte, da odstranite zračne mehurčke, in testo razdelite na dva enaka dela. Vsak del razvaljajte v 6 x 15-palčni list. Liste zvijte v dolge valje, stisnite robove, da se zaprejo. Prenesite valje s šivi navzdol na z maslom namazan pekač ali dva pekača za ciabatto. Pokrijte s plastično folijo in brisačo ter pustite vzhajati, dokler se testo skoraj ne podvoji, približno 45 minut.
g) Pečico segrejte na 425.
h) Hlebčke namažite s stepenim jajcem in vsakega po diagonali večkrat zarežite z ostrim nožem.
i) Pečemo 30 do 40 minut, dokler hlebčki dobro ne porjavijo.

25. Polnozrnata ciabatta iz mandljevega maka

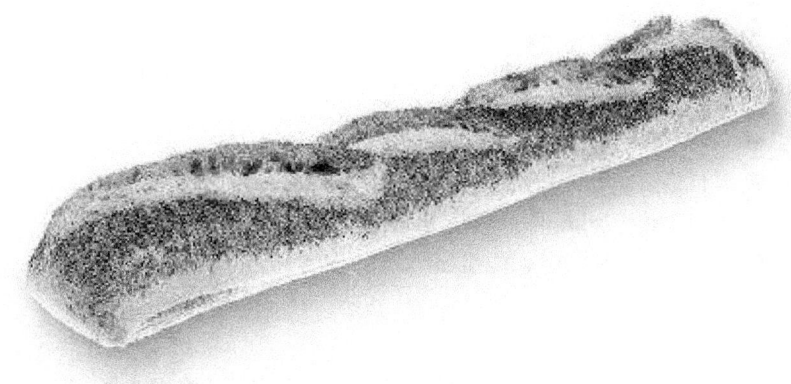

SESTAVINE:
- 1 1/2 skodelice tople vode (110 °F ali 45 °C)
- 2 1/4 čajne žličke aktivnega suhega kvasa (1 paket)
- 1/4 skodelice sladkorja
- 3 1/2 skodelice polnozrnate moke
- 1 1/2 čajne žličke soli
- 1/4 skodelice mandljevega moka (fino mleti mandlji)
- 2 žlici makovih semen
- 1/4 skodelice rastlinskega olja
- 1 čajna žlička mandljevega ekstrakta
- 1/2 skodelice narezanih mandljev (za preliv)
- Koruzni zdrob ali zdrobova moka (za posip)

NAVODILA:
a) V majhni skledi zmešajte toplo vodo, kvas in sladkor. Pustite stati približno 5-10 minut, dokler zmes ne postane penasta.
b) V veliki skledi za mešanje zmešajte polnozrnato moko, mandljevo moko, mak in sol.
c) Na sredini mešanice moke naredite jamico.
d) Mešanico kvasa, rastlinskega olja in mandljevega ekstrakta vlijemo v jamico v moki.
e) Sestavine mešamo, dokler ne nastane testo.
f) Testo gnetemo na pomokani površini približno 8-10 minut, dokler ne postane gladko in elastično. Če je testo preveč lepljivo, lahko dodate še malo moke.
g) Testo damo v rahlo naoljeno skledo, pokrijemo s čisto krpo ali plastično folijo in pustimo vzhajati na toplem brez prepiha približno 1 uro oziroma dokler se ne podvoji.
h) Pečico segrejte na 375 °F (190 °C). Pekač postavite v pečico, ko se predhodno segreje.
i) Testo preluknjajte in ga oblikujte v dolgo, tanko obliko ciabatte. Testo lahko oblikujemo z rokami ali pa ga razvaljamo na pomokani površini.
j) Vroči pekač potresemo s koruzno ali zdrobovo moko, nato pa ciabatto preložimo na pekač.

k) Na ciabatto potresemo narezane mandlje in jih nežno vtisnemo v testo.
l) Z ostrim nožem ali britvico naredite nekaj plitvih zarez na vrhu ciabatte za okras.
m) Pečemo približno 25-30 minut oziroma dokler ciabatta ni čvrsta in ob udarjanju po dnu zazveni votlo.
n) Pustite, da se ciabatta ohladi na rešetki, preden jo narežete in postrežete.
o) Uživajte v okusni polnozrnati ciabatti z mandljevim makom, polni oreščkov mandljev in nežnega okusa makovih semen!

26.Brusnična makadamija čabatta

SESTAVINE:

- 1 1/2 skodelice tople vode (110 °F ali 45 °C)
- 2 1/4 čajne žličke aktivnega suhega kvasa (1 paket)
- 1 čajna žlička sladkorja
- 3 1/2 skodelice polnozrnate moke
- 1 1/2 čajne žličke soli
- 1/2 skodelice posušenih brusnic
- 1/2 skodelice sesekljane makadamije
- 1 žlica oljčnega olja
- Koruzni zdrob ali zdrobova moka (za posip)

NAVODILA:

a) V majhni skledi zmešajte toplo vodo, kvas in sladkor. Pustite stati približno 5-10 minut, dokler zmes ne postane penasta.
b) V veliki skledi za mešanje zmešajte polnozrnato moko in sol. Na sredini mešanice moke naredite jamico.
c) V jamico v moki vlijemo kvasno zmes in olivno olje.
d) Sestavine mešamo, dokler ne nastane testo.
e) Testo gnetemo na pomokani površini približno 8-10 minut, dokler ne postane gladko in elastično. Če je testo preveč lepljivo, lahko dodate še malo moke.
f) Testo damo v rahlo naoljeno skledo, pokrijemo s čisto krpo ali plastično folijo in pustimo vzhajati na toplem brez prepiha približno 1 uro oziroma dokler se ne podvoji.
g) Pečico segrejte na 450 °F (230 °C). Pekač ali obrnjen pekač postavite v pečico, ko se predhodno segreje. Če imate kamen za pico, je ta odličen za peko ciabatte.
h) Testo preluknjamo in ga razdelimo na dva enaka dela.
i) Vsak del razvaljajte v dolgo, tanko ciabatto. Testo lahko oblikujemo z rokami ali pa ga razvaljamo na pomokani površini in nato prestavimo na pekač ali olupek za pico, potresen s koruzno ali zdrobovo moko.
j) Po vrhu vsake ciabatte enakomerno potresemo suhe brusnice in sesekljane oreščke ter jih nežno vtisnemo v testo.
k) Oblikovane čabate pokrijemo s čisto krpo in pustimo še enkrat vzhajati približno 20-30 minut.

l) Z ostrim nožem ali britvico naredite diagonalne zareze po vrhovih ciabatte. To jim pomaga razširiti in razviti klasični videz ciabatte.
m) Ciabatto previdno prestavimo v segreto pečico, lahko neposredno na pekač ali na vroč pekač. Bodite previdni pri odpiranju pečice; vroče je!
n) Pečemo približno 25-30 minut oziroma dokler ciabatta ni zlato rjave barve in ob udarjanju po dnu zveni votlo.
o) Pustite, da se ciabatta ohladi na rešetki, preden jo narežete in postrežete.

27.Ribezovo-orehova ciabatta

SESTAVINE:
- 1 paket kvasa
- 1½ žlice medu
- 1¼ skodelice tople vode
- 1½ skodelice moke za kruh
- 1½ skodelice polnozrnate pšenične moke
- 1 čajna žlička soli
- ¾ skodelice orehovih polovic ali pistacij
- ¾ skodelice ribeza
- ¼ skodelice zlatih rozin
- maslo; za oblaganje posode
- 1 jajce; tolčen, za glazuro

NAVODILA:

j) Kvas in med raztopite v ¼ skodelice tople vode in pustite stati, dokler se ne speni, približno 10 minut.

k) V kuhinjskem robotu, opremljenem s plastičnim rezilom za testo, zmešajte moko in sol. Postopek približno 30 sekund. Dodajte orehe in kuhajte še 15 sekund. Ko stroj deluje, nalijte mešanico kvasa skozi dovodno cev.

l) Ko stroj deluje, skozi dovodno cev počasi dodajte 1 skodelico vode.

m) Obdelujte, dokler testo ne dvigne stene sklede in ni več suho, še približno 1 minuto. Prevrnemo na rahlo pomokano desko in gnetemo ribez in rozine približno 5 minut.

n) Večjo skledo premažemo z maslom. Testo prenesite v skledo in ga obrnite, da vrh premažete z maslom. Pokrijte s plastično folijo in brisačo ter pustite vzhajati na toplem, dokler se masa testa ne podvoji, približno 1 do 1-1 ure.

o) Testo zvrnemo na rahlo pomokano desko. Preluknjajte, da odstranite zračne mehurčke, in testo razdelite na dva enaka dela. Vsak del razvaljajte v 6 x 15-palčni list. Liste zvijte v dolge valje, stisnite robove, da se zaprejo. Prenesite valje s šivi navzdol na z maslom namazan pekač ali dva pekača za ciabatto. Pokrijte s

plastično folijo in brisačo ter pustite vzhajati, dokler se testo skoraj ne podvoji, približno 45 minut.
p) Pečico segrejte na 425.
q) Hlebčke namažite s stepenim jajcem in vsakega po diagonali večkrat zarežite z ostrim nožem.
r) Pečemo 30 do 40 minut, dokler hlebčki dobro ne porjavijo.

ZAČIMBENA CIABATTA

28. Kamutov kruh z medeno začimbo

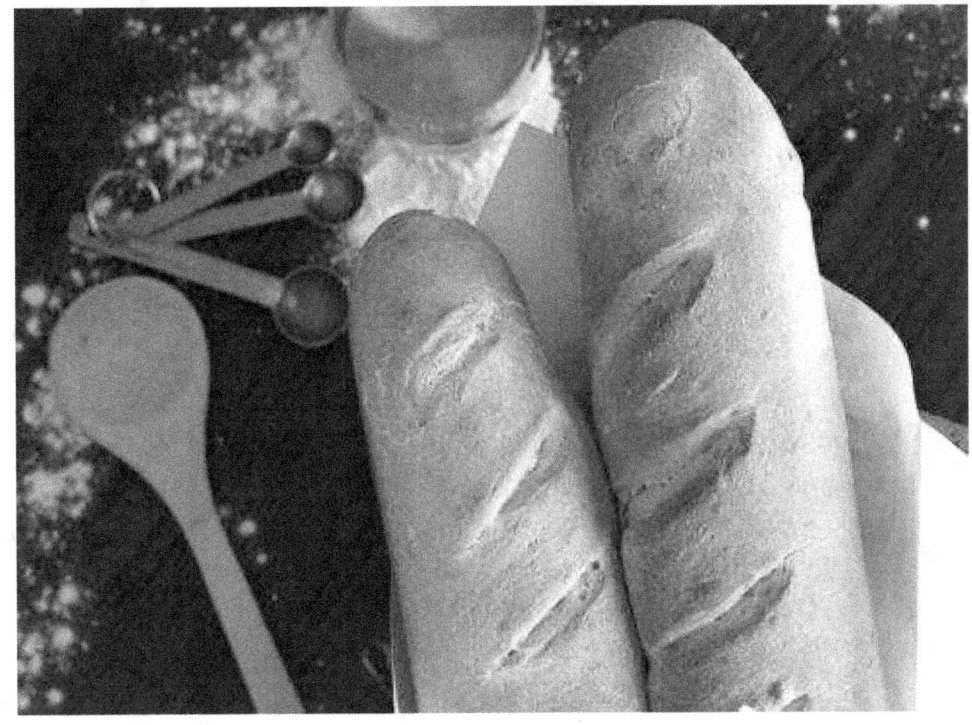

SESTAVINE:
- ½ skodelice tople vode
- 2 paketa suhega aktivnega kvasa
- 1½ skodelice toplega sojinega mleka
- 2 žlici olja Canola
- ½ skodelice medu
- 1 veliko jajce ali enakovreden veganski nadomestek za jajca
- 3 skodelice kamutove moke
- 1 čajna žlička cimeta
- 1 čajna žlička muškatnega oreščka
- ½ čajne žličke soli
- 3 skodelice pirine moke
- Sprej za kuhanje ali olje

NAVODILA:

a) V manjši skledici zmešamo vodo in kvas. Pokrijte in pustite 7 do 10 minut.

b) V srednje veliki skledi za mešanje zmešajte sojino mleko, olje, med in jajce. Dati na stran.

c) V veliki posodi za mešanje zmešajte kamurjevo moko, cimet, muškatni oreščček in sol. Združite mešanico mleka in mešanico kvasa ter dobro premešajte. Postopoma vmešamo pirino moko.

d) Testo zvrnemo na rahlo pomokano površino in gnetemo 4 do 5 minut ali dokler testo ni rahlo elastično.

e) Testo pokrijemo z brisačo in pustimo vzhajati 1 do 2 uri ali dokler se ne podvoji.

f) Velik pekač rahlo popršite ali namažite z oljem. Testo preluknjamo in razdelimo na pol. Vsako polovico oblikujte v podolgovato štruco in hlebčke položite na pekač, približno tri centimetre narazen. Pokrijte z brisačo in pustite vzhajati 1 do 2 uri ali dokler se ne podvoji.

g) Pečico segrejte na 350 F. Hlebčke pečemo približno 45 minut oziroma dokler ob udarjanju ne zazvenijo votlo. Pustite, da se ohladi 10 minut, nato prenesite štruce na rešetko in jih pred rezanjem popolnoma ohladite.

29. Polnozrnata pšenična ciabatta z rozinami in cimetom

SESTAVINE:
- 1 1/2 skodelice tople vode (110 °F ali 45 °C)
- 2 1/4 čajne žličke aktivnega suhega kvasa (1 paket)
- 1/4 skodelice sladkorja
- 3 1/2 skodelice polnozrnate moke
- 1 1/2 čajne žličke soli
- 1/2 skodelice rozin
- 2 žlički mletega cimeta
- 1 žlica oljčnega olja
- Koruzni zdrob ali zdrobova moka (za posip)

NAVODILA:
a) V majhni skledi zmešajte toplo vodo, kvas in sladkor. Pustite stati približno 5-10 minut, dokler zmes ne postane penasta.
b) V veliki skledi za mešanje zmešajte polnozrnato moko, sol in mleti cimet. Na sredini mešanice moke naredite jamico.
c) V jamico v moki vlijemo kvasno zmes in olivno olje.
d) Sestavine mešamo, dokler ne nastane testo.
e) Testo gnetemo na pomokani površini približno 8-10 minut, dokler ne postane gladko in elastično. Če je testo preveč lepljivo, lahko dodate še malo moke.
f) Testo damo v rahlo naoljeno skledo, pokrijemo s čisto krpo ali plastično folijo in pustimo vzhajati na toplem brez prepiha približno 1 uro oziroma dokler se ne podvoji.
g) Pečico segrejte na 450 °F (230 °C). Pekač ali obrnjen pekač postavite v pečico, ko se predhodno segreje. Če imate kamen za pico, je ta odličen za peko ciabatte.
h) Testo preluknjamo in ga razdelimo na dva enaka dela.
i) Vsak del razvaljajte v dolgo, tanko ciabatto. Testo lahko oblikujemo z rokami ali pa ga razvaljamo na pomokani površini in nato prestavimo na pekač ali olupek za pico, potresen s koruzno ali zdrobovo moko.
j) Po vrhu vsake ciabatte enakomerno potresemo rozine in jih nežno vtisnemo v testo.
k) Oblikovane čabate pokrijemo s čisto krpo in pustimo še enkrat vzhajati približno 20-30 minut.

l) Z ostrim nožem ali britvico naredite diagonalne zareze po vrhovih ciabatte. To jim pomaga razširiti in razviti klasični videz ciabatte.
m) Ciabatto previdno prestavimo v segreto pečico, lahko neposredno na pekač ali na vroč pekač. Bodite previdni pri odpiranju pečice; vroče je!
n) Pečemo približno 25-30 minut oziroma dokler ciabatta ni zlato rjave barve in ob udarjanju po dnu zveni votlo.
o) Pustite, da se ciabatta ohladi na rešetki, preden jo narežete in postrežete.

30.Čili kosmiči in paprika ciabatta

SESTAVINE:
- 500 g močne moke za beli kruh
- 10 g soli
- 7 g instant kvasa
- 350 ml mlačne vode
- 2 žlici olivnega olja
- 1 žlica čilijevih kosmičev
- 1 žlica dimljene paprike

NAVODILA:
a) V skledi zmešajte moko, sol in kvas. Dodajte vodo in olivno olje, nato gnetite do gladkega.
b) Pokrijte in pustite vzhajati, dokler se ne podvoji.
c) Pečico segrejte na 220 °C (425 °F).
d) Testo preluknjamo in oblikujemo v štruco ciabatta.
e) Položimo na pekač, pokrijemo in ponovno pustimo vzhajati.
f) Čilijeve kosmiče in dimljeno papriko zmešamo z malo olivnega olja. Mešanico razporedite po vrhu ciabatte.
g) Pečemo 25-30 minut do zlato rjave barve. Pred rezanjem ohladite na rešetki.

31. Ciabatta s kurkumo in kumino

SESTAVINE:
- 500 g močne moke za beli kruh
- 10 g soli
- 7 g instant kvasa
- 350 ml mlačne vode
- 2 žlici olivnega olja
- 1 čajna žlička mlete kurkume
- 1 čajna žlička mlete kumine

NAVODILA:
a) V skledi zmešamo moko, sol in kvas. Dodajte vodo in olivno olje, nato gnetite do gladkega.
b) Pokrijte in pustite vzhajati, dokler se ne podvoji.
c) Pečico segrejte na 220 °C (425 °F).
d) Testo preluknjamo in oblikujemo v štruco ciabatta.
e) Položimo na pekač, pokrijemo in ponovno pustimo vzhajati.
f) Kurkumo in kumino zmešajte v pasto z malo vode. Pasto razporedite po vrhu ciabatte.
g) Pečemo 25-30 minut do zlato rjave barve. Pred rezanjem pustite, da se ohladi.

ČOKOLADNA CIABATTA

32. Čokoladno lešnikova ciabatta

SESTAVINE:
- 1 serija osnovnega testa za ciabatto
- 1/2 skodelice sesekljanih lešnikov
- 1/2 skodelice temnih čokoladnih koščkov
- 1/4 skodelice kakava v prahu

NAVODILA:

a) Pripravite osnovno testo za ciabatto po svojem najljubšem receptu.

b) Po prvem vzhajanju testo preluknjamo in vmesimo sesekljane lešnike in koščke temne čokolade, da se enakomerno porazdelijo.

c) Testo oblikujte v štruco ciabatta in jo položite na pekač, obložen s peki papirjem.

d) Hlebček pokrijemo s čisto kuhinjsko krpo in pustimo vzhajati še 30-45 minut.

e) Pečico segrejte na 400 °F (200 °C).

f) Pred peko vrh štruce potresemo s kakavom v prahu.

g) Pecite 20-25 minut oziroma dokler štruca ni zlato rjave barve in ob udarjanju po dnu zazveni votlo.

h) Pustite, da se ohladi, preden ga narežete in postrežete.

33. Čokoladno pomarančna ciabatta

SESTAVINE:
- 1 serija osnovnega testa za ciabatto
- Lupina 1 pomaranče
- 1/2 skodelice koščkov temne čokolade
- 1/4 skodelice granuliranega sladkorja

NAVODILA:

a) Pripravite osnovno testo za ciabatto po svojem najljubšem receptu.

b) Po prvem vzhajanju testo preluknjajte in vmešajte pomarančno lupinico, koščke temne čokolade in kristalni sladkor, da se enakomerno porazdelijo.

c) Testo oblikujte v štruco ciabatta in jo položite na pekač, obložen s peki papirjem.

d) Hlebček pokrijemo s čisto kuhinjsko krpo in pustimo vzhajati še 30-45 minut.

e) Pečico segrejte na 400 °F (200 °C).

f) Pecite 20-25 minut oziroma dokler štruca ni zlato rjave barve in ob udarjanju po dnu zazveni votlo.

g) Pustite, da se nekoliko ohladi, preden ga narežete in postrežete.

34. Dvojna čokoladna ciabatta

SESTAVINE:
- 1 serija osnovnega testa za ciabatto
- 1/2 skodelice temnih čokoladnih koščkov
- 1/2 skodelice belih čokoladnih koščkov
- 2 žlici nesladkanega kakava v prahu

NAVODILA:

a) Pripravite osnovno testo za ciabatto po svojem najljubšem receptu.

b) Po prvem vzhajanju testo preluknjajte in vmešajte koščke temne čokolade, koščke bele čokolade in nesladkan kakav v prahu, dokler niso enakomerno porazdeljeni.

c) Testo oblikujte v štruco ciabatta in jo položite na pekač, obložen s peki papirjem.

d) Hlebček pokrijemo s čisto kuhinjsko krpo in pustimo vzhajati še 30-45 minut.

e) Pečico segrejte na 400 °F (200 °C).

f) Pecite 20-25 minut oziroma dokler štruca ni zlato rjave barve in ob udarjanju po dnu zazveni votlo.

g) Pustite, da se ohladi, preden ga narežete in postrežete.

35. Čokoladno češnjeva mandljeva ciabatta

SESTAVINE:
- 1 serija osnovnega testa za ciabatto
- 1/2 skodelice koščkov temne čokolade
- 1/2 skodelice posušenih češenj, sesekljanih
- 1/4 skodelice narezanih mandljev

NAVODILA:

a) Pripravite osnovno testo za ciabatto po svojem najljubšem receptu.

b) Po prvem vzhajanju testo preluknjajte in vmešajte koščke temne čokolade, suhe češnje in narezane mandlje, da se enakomerno porazdelijo.

c) Testo oblikujte v štruco ciabatta in jo položite na pekač, obložen s peki papirjem.

d) Hlebček pokrijemo s čisto kuhinjsko krpo in pustimo vzhajati še 30-45 minut.

e) Pečico segrejte na 400 °F (200 °C).

f) Pecite 20-25 minut oziroma dokler štruca ni zlato rjave barve in ob udarjanju po dnu zazveni votlo.

g) Pustite, da se ohladi, preden ga narežete in postrežete.

36. Ciabatta s čokoladnim arašidovim maslom

SESTAVINE:
- 1 serija osnovnega testa za ciabatto
- 1/2 skodelice temnih čokoladnih koščkov
- 1/4 skodelice kremastega arašidovega masla

NAVODILA:

a) Pripravite osnovno testo za ciabatto po svojem najljubšem receptu.

b) Po prvem vzhajanju testo preluknjajte in vanj nežno vmešajte koščke temne čokolade.

c) Testo razdelite na pol in vsak del razvaljajte v pravokotnik.

d) Arašidovo maslo enakomerno porazdelite po enem pravokotniku testa in pustite majhno obrobo okoli robov.

e) Drugi pravokotnik testa položite na vrh in stisnite robove, da se zaprejo.

f) Testo previdno zvijemo v obliko polena.

g) Testo prestavimo na pekač, obložen s peki papirjem.

h) Hlebček pokrijemo s čisto kuhinjsko krpo in pustimo vzhajati še 30-45 minut.

i) Pečico segrejte na 400 °F (200 °C).

j) Pecite 20-25 minut oziroma dokler štruca ni zlato rjave barve in ob udarjanju po dnu zazveni votlo.

k) Pustite, da se ohladi, preden ga narežete in postrežete.

37. Čokoladno kokosova ciabatta

SESTAVINE:
- 1 serija osnovnega testa za ciabatto
- 1/2 skodelice temnih čokoladnih koščkov
- 1/2 skodelice naribanega kokosa

NAVODILA:

a) Pripravite osnovno testo za ciabatto po svojem najljubšem receptu.

b) Po prvem vzhajanju testo preluknjajte in vanj nežno vmešajte koščke temne čokolade in nastrgan kokos.

c) Testo oblikujte v štruco ciabatta in jo položite na pekač, obložen s peki papirjem.

d) Hlebček pokrijemo s čisto kuhinjsko krpo in pustimo vzhajati še 30-45 minut.

e) Pečico segrejte na 400 °F (200 °C).

f) Pecite 20-25 minut oziroma dokler štruca ni zlato rjave barve in ob udarjanju po dnu zazveni votlo.

g) Pustite, da se ohladi, preden ga narežete in postrežete.

38. Čokoladno malinova ciabatta

SESTAVINE:
- 1 serija osnovnega testa za ciabatto
- 1/2 skodelice temnih čokoladnih koščkov
- 1/2 skodelice svežih malin

NAVODILA:

a) Pripravite osnovno testo za ciabatto po svojem najljubšem receptu.

b) Po prvem vzhajanju testo preluknjamo in vanj nežno vmešamo koščke temne čokolade in sveže maline.

c) Testo oblikujte v štruco ciabatta in jo položite na pekač, obložen s peki papirjem.

d) Hlebček pokrijemo s čisto kuhinjsko krpo in pustimo vzhajati še 30-45 minut.

e) Pečico segrejte na 400 °F (200 °C).

f) Pecite 20-25 minut oziroma dokler štruca ni zlato rjave barve in ob udarjanju po dnu zazveni votlo.

g) Pustite, da se ohladi, preden ga narežete in postrežete.

39. Polnozrnata ciabatta s čokoladnimi koščki

SESTAVINE:
- 1 1/2 skodelice tople vode (110 °F ali 45 °C)
- 2 1/4 čajne žličke aktivnega suhega kvasa (1 paket)
- 1/4 skodelice sladkorja
- 3 1/2 skodelice polnozrnate moke
- 1 1/2 čajne žličke soli
- 1/4 skodelice nesladkanega kakava v prahu
- 1/2 skodelice čokoladnih žetonov (polsladkih ali temnih)
- 1/4 skodelice rastlinskega olja
- 1 čajna žlička vanilijevega ekstrakta
- Koruzni zdrob ali zdrobova moka (za posip)

NAVODILA:
a) V majhni skledi zmešajte toplo vodo, kvas in sladkor. Pustite stati približno 5-10 minut, dokler zmes ne postane penasta.
b) V veliki skledi za mešanje zmešajte polnozrnato moko, kakav v prahu in sol.
c) Na sredini mešanice moke naredite jamico.
d) Mešanico kvasa, rastlinskega olja in vanilijevega ekstrakta vlijemo v jamico v moki.
e) Sestavine mešamo, dokler ne nastane testo.
f) Testo gnetemo na pomokani površini približno 8-10 minut, dokler ne postane gladko in elastično. Če je testo preveč lepljivo, lahko dodate še malo moke.
g) Testo damo v rahlo naoljeno skledo, pokrijemo s čisto krpo ali plastično folijo in pustimo vzhajati na toplem brez prepiha približno 1 uro oziroma dokler se ne podvoji.
h) Pečico segrejte na 375 °F (190 °C). Pekač postavite v pečico, ko se predhodno segreje.
i) Testo preluknjamo in dodamo koščke čokolade. Pregnetite testo, da se koščki čokolade enakomerno porazdelijo.
j) Testo razvaljajte v dolgo, tanko obliko ciabatte. Testo lahko oblikujemo z rokami ali pa ga razvaljamo na pomokani površini.
k) Vroči pekač potresemo s koruzno ali zdrobovo moko, nato pa ciabatto preložimo na pekač.

l) Z ostrim nožem ali britvico naredite nekaj plitvih zarez na vrhu ciabatte za okras.
m) Pečemo približno 25-30 minut oziroma dokler ciabatta ni čvrsta in ob udarjanju po dnu zazveni votlo.
n) Pustite, da se ciabatta ohladi na rešetki, preden jo narežete in postrežete.
o) Uživajte v edinstveni in sladki polnozrnati ciabatti s čokoladnimi koščki! To je čudovita kombinacija kruha in čokolade, kot nalašč za sladkosnede.

CIABATTA S KOFEINOM

40.Espresso Ciabatta

SESTAVINE:
- 1 serija osnovnega testa za ciabatto
- 2 žlici fino mletega espressa ali močne kave
- 1/4 skodelice temnih koščkov čokolade (neobvezno, za dodaten okus)

NAVODILA:
a) Pripravite osnovno testo za ciabatto po svojem najljubšem receptu.
b) Po prvem vzhajanju testo preluknjajte in vmešajte fino mlet espresso ali močno kavo, da se enakomerno porazdeli.
c) Po želji vmešamo še koščke temne čokolade za dodaten okus.
d) Testo oblikujte v štruco ciabatta in jo položite na pekač, obložen s peki papirjem.
e) Hlebček pokrijemo s čisto kuhinjsko krpo in pustimo vzhajati še 30-45 minut.
f) Pečico segrejte na 400 °F (200 °C).
g) Pecite 20-25 minut oziroma dokler štruca ni zlato rjave barve in ob udarjanju po dnu zazveni votlo.
h) Pustite, da se ohladi, preden ga narežete in postrežete.

41. Matcha zeleni čaj Ciabatta

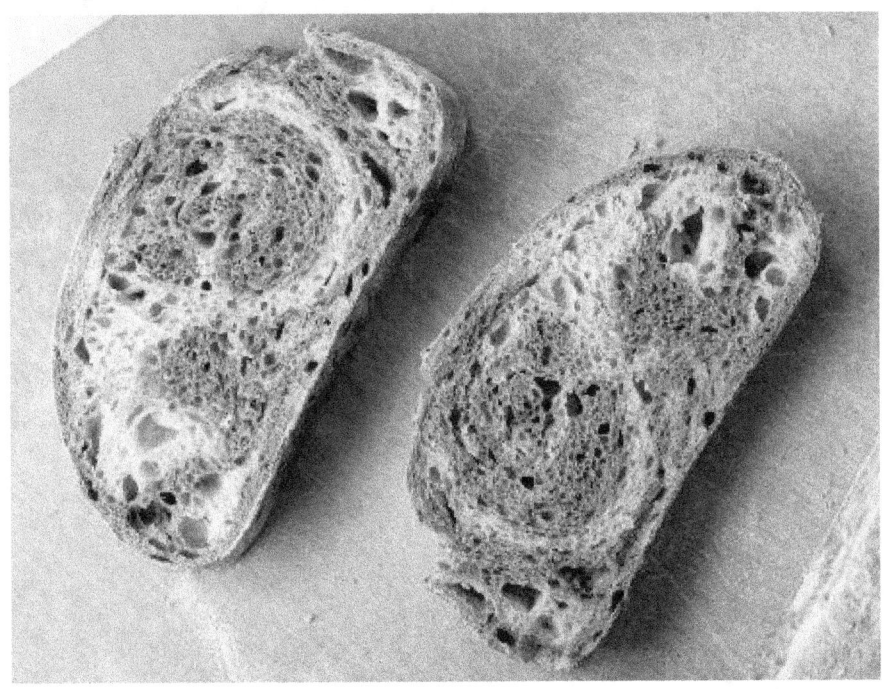

SESTAVINE:
- 1 serija osnovnega testa za ciabatto
- 2 žlici matcha zelenega čaja v prahu

NAVODILA:

a) Pripravite osnovno testo za ciabatto po svojem najljubšem receptu.

b) Po prvem vzhajanju testo preluknjajte in vmešajte prah zelenega čaja matcha, dokler ni enakomerno porazdeljen.

c) Testo oblikujte v štruco ciabatta in jo položite na pekač, obložen s peki papirjem.

d) Hlebček pokrijemo s čisto kuhinjsko krpo in pustimo vzhajati še 30-45 minut.

e) Pečico segrejte na 400 °F (200 °C).

f) Pecite 20-25 minut oziroma dokler štruca ni zlato rjave barve in ob udarjanju po dnu zazveni votlo.

g) Pustite, da se ohladi, preden ga narežete in postrežete.

42. Čaj začinjena čabatta

SESTAVINE:
- 1 serija osnovnega testa za ciabatto
- 2 žlički mešanice začimb za čaj (cimet, kardamom, nageljnove žbice, ingver, muškatni oreščekj

NAVODILA:
a) Pripravite osnovno testo za ciabatto po svojem najljubšem receptu.
b) Po prvem vzhajanju testo preluknjajte in gnetite v mešanici začimb za čaj, da se enakomerno porazdeli.
c) Testo oblikujte v štruco ciabatta in jo položite na pekač, obložen s peki papirjem.
d) Hlebček pokrijemo s čisto kuhinjsko krpo in pustimo vzhajati še 30-45 minut.
e) Pečico segrejte na 400 °F (200 °C).
f) Pecite 20-25 minut oziroma dokler štruca ni zlato rjave barve in ob udarjanju po dnu zazveni votlo.
g) Pustite, da se ohladi, preden ga narežete in postrežete.

43. Mocha Chip Ciabatta

SESTAVINE:
- 1 serija osnovnega testa za ciabatto
- 2 žlici instant kave v prahu
- 1/2 skodelice čokoladnih koščkov

NAVODILA:
a) Pripravite osnovno testo za ciabatto po svojem najljubšem receptu.
b) Po prvem vzhajanju testo preluknjajte in vmešajte instant kavo v prahu, da se enakomerno porazdeli.
c) Vmešajte čokoladne koščke, dokler niso enakomerno porazdeljeni.
d) Testo oblikujte v štruco ciabatta in jo položite na pekač, obložen s peki papirjem.
e) Hlebček pokrijemo s čisto kuhinjsko krpo in pustimo vzhajati še 30-45 minut.
f) Pečico segrejte na 400 °F (200 °C).
g) Pecite 20-25 minut oziroma dokler štruca ni zlato rjave barve in ob udarjanju po dnu zazveni votlo.
h) Pustite, da se ohladi, preden ga narežete in postrežete.

VEGGIE CIABATTA

44.Črna olivna ciabatta

SESTAVINE:
ZA ZAGETNIK (BIGA)
- 1 čajna žlička hitrodelujoči posušeni kvas
- 100 g močne bele moke

ZA TESTO
- 400 g moke za beli kruh, plus dodatek za prah
- 1 1/4 žličke hitrodelujoči posušeni kvas
- 1 žlica ekstra deviško olivno olje
- 150 g črnih izkoščičenih oliv, narezanih, mi smo uporabili kalamato, glejte GH nasvet

NAVODILA:
a) Večer, preden želite speči ciabatto, pripravite predjed. V posodi samostoječega mešalnika zmešamo kvas in 80 ml mlačne vode. Pustite 5 minut, dokler se ne speni. Vmešamo moko, da naredimo mehko testo. Pokrijte s čisto kuhinjsko krpo ali folijo za živila in pustite počivati na toplem vsaj 4 ure, najbolje čez noč.

b) Testo naredimo tako, da v skledo dodamo preostalo moko, dodaten kvas, olje in 300 ml mlačne vode. Mešajte s kavljem za testo pri nizki hitrosti 5 minut, da dobite mehko, mokro testo. Dodajte 1 žličko fine soli in olive ter mešajte še 5 minut, dokler ne postane gladka in elastična.

c) Pokrijte s čisto kuhinjsko krpo ali folijo za živila in pustite vzhajati 1 uro ali dokler se ne podvoji.

d) Ko je vaše vzhajano testo pripravljeno, si zmočite roke, nato vzemite eno stran testa v skledo, ga raztegnite in prepognite na vrhu. Obrnite posodo za 90 stopinj in ponovite še 7-krat. Ponovno pokrijte in pustite počivati in vzhajati 45 minut, nato pa še enkrat ponovite 8 raztegov in zgibov, čemur sledi 45 minut počitka in dviganja.

e) Velik pekač obložite s peki papirjem. Pergament izdatno potresite z moko, da preprečite, da bi se testo sprijelo in ga težko rokovali. Testo nežno prevrnite na pergament. Vrh testa potresemo z moko.

f) Testo razdelite na 3 grobe pravokotnike s strgalom za testo, dolgim paletnim nožem ali celo z robom pekača – štruce ločite čim bolje. Pokrijemo s čisto kuhinjsko krpo in ponovno pustimo vzhajati 30 minut.

g) Pečico segrejte na 220°C (200°C ventilator) plinska oznaka 7. Manjši pekač napolnite z vodo in postavite na spodnjo polico pečice, da se ustvari para.

h) Pecite ciabatto na pekaču 30 minut ali dokler ne postane zlato rjave barve in zveni votlo, ko jo potrkate po dnu.

i) Pred serviranjem popolnoma ohladite na rešetki.

45.Vegi ciabatta

SESTAVINE:
- 1 rumena buča 6-8 palcev
- 1 bučka 6-8 palcev
- 1 rdeča paprika
- 2 rezini vijolične čebule, debeline ¼ palca
- 2 žlički olivnega olja ali olivnega olja v spreju (do 3)
- 1 sveža ciabatta, velikosti 12 palcev ali polovica polne velikosti
- 2 žlici delno posnete mocarele
- Bazilika, sveža ali posušena, po želji

NAVODILA:

a) Obe buči narežite po dolžini na približno ¼ palca debelo. Papriko prerežemo na pol, odstranimo semena. Na velik pekač za piškote položite rezine buče in čebule ter položite papriko s kožo navzgor. Vse razen paprik rahlo namažite z oljčnim oljem ali uporabite pršilo z oljčnim oljem in postavite pod brojlerje.

b) Pustite zelenjavo, dokler paprika ne zogleni - odstranite papriko in jo položite v papirnato vrečko ali težko plastično vrečko in zaprite vrečko za kuhanje paprike na pari.

c) Preostalo zelenjavo obrnite, po želji ponovno poškropite ali premažite s čopičem in pražite še približno 2 minuti, dokler ni zelenjava mehka, vendar ne kuhana do neprepoznavnosti.

d) Vmes ciabatto narežemo na polovice, vsako polovico po dolžini.

e) Na spodnjo polovico položite eno žlico sira. Na zgornjo polovico namažite žličko majoneze in po želji potresite z baziliko. Ko se paprike kuhajo na pari 5 minut, jih odstranite iz vrečke in odstranite kožo. Še enkrat prerežemo polovice, da dobimo četrtine.

f) Na vsak sendvič čez sir položite zelenjavo.

46. Polnozrnata pšenična ciabatta iz posušenih paradižnikov

SESTAVINE:
- 1 1/2 skodelice tople vode (110 °F ali 45 °C)
- 2 1/4 čajne žličke aktivnega suhega kvasa (1 paket)
- 1 čajna žlička sladkorja
- 3 1/2 skodelice polnozrnate moke
- 1 1/2 čajne žličke soli
- 1 žlica olivnega olja
- 1/2 skodelice posušenih paradižnikov, drobno narezanih
- 1/4 skodelice svežih listov bazilike, sesekljanih
- Koruzni zdrob ali zdrobova moka (za posip)

NAVODILA:
a) V majhni skledi zmešajte toplo vodo, kvas in sladkor. Pustite stati približno 5-10 minut, dokler zmes ne postane penasta.
b) V veliki skledi za mešanje zmešajte polnozrnato moko in sol. Na sredini mešanice moke naredite jamico.
c) V jamico v moki vlijemo kvasno zmes in olivno olje.
d) Sestavine mešamo, dokler ne nastane testo.
e) Testo gnetemo na pomokani površini približno 8-10 minut, dokler ne postane gladko in elastično. Če je testo preveč lepljivo, lahko dodate še malo moke.
f) Testo damo v rahlo naoljeno skledo, pokrijemo s čisto krpo ali plastično folijo in pustimo vzhajati na toplem brez prepiha približno 1 uro oziroma dokler se ne podvoji.
g) Pečico segrejte na 450 °F (230 °C). Pekač ali obrnjen pekač postavite v pečico, ko se predhodno segreje. Če imate kamen za pico, je ta odličen za peko ciabatte.
h) Testo preluknjamo in ga razdelimo na dva enaka dela.
i) Vsak del razvaljajte v dolgo, tanko ciabatto. Testo lahko oblikujemo z rokami ali pa ga razvaljamo na pomokani površini in nato prestavimo na pekač ali olupek za pico, potresen s koruzno ali zdrobovo moko.
j) Po vrhu vsake ciabatte enakomerno potresemo drobno narezane posušene paradižnike in liste sveže bazilike ter jih nežno vtisnemo v testo.

k) Oblikovane čabate pokrijemo s čisto krpo in pustimo še enkrat vzhajati približno 20-30 minut.
l) Z ostrim nožem ali britvico naredite diagonalne zareze po vrhovih ciabatte. To jim pomaga razširiti in razviti klasični videz ciabatte.
m) Ciabatto previdno prestavimo v segreto pečico, lahko neposredno na pekač ali na vroč pekač. Bodite previdni pri odpiranju pečice; vroče je!
n) Pečemo približno 25-30 minut oziroma dokler ciabatta ni zlato rjave barve in ob udarjanju po dnu zveni votlo.
o) Pustite, da se ciabatta ohladi na rešetki, preden jo narežete in postrežete.
p) Uživajte v domači polnozrnati ciabatti iz suhih paradižnikov in bazilike s čudovitimi okusi posušenih paradižnikov in sveže bazilike!

47. Polnozrnata ciabatta iz oliv in zelišč

SESTAVINE:

- 1 1/2 skodelice tople vode (110 °F ali 45 °C)
- 2 1/4 čajne žličke aktivnega suhega kvasa (1 paket)
- 1 čajna žlička sladkorja
- 3 1/2 skodelice polnozrnate moke
- 1 1/2 čajne žličke soli
- 1 žlica oljčnega olja
- 1/2 skodelice izkoščičenih zelenih ali črnih oliv, narezanih
- 2 žlici sesekljanih svežih zelišč (kot so rožmarin, timijan ali origano)
- Koruzni zdrob ali zdrobova moka (za posip)

NAVODILA:

a) V majhni skledi zmešajte toplo vodo, kvas in sladkor. Pustite stati približno 5-10 minut, dokler zmes ne postane penasta.
b) V veliki skledi za mešanje zmešajte polnozrnato moko in sol. Na sredini mešanice moke naredite jamico.
c) V jamico v moki vlijemo kvasno zmes in olivno olje.
d) Sestavine mešamo, dokler ne nastane testo.
e) Testo gnetemo na pomokani površini približno 8-10 minut, dokler ne postane gladko in elastično. Če je testo preveč lepljivo, lahko dodate še malo moke.
f) Testo damo v rahlo naoljeno skledo, pokrijemo s čisto krpo ali plastično folijo in pustimo vzhajati na toplem brez prepiha približno 1 uro oziroma dokler se ne podvoji.
g) Pečico segrejte na 450 °F (230 °C). Pekač ali obrnjen pekač postavite v pečico, ko se predhodno segreje. Če imate kamen za pico, je ta odličen za peko ciabatte.
h) Testo preluknjamo in ga razdelimo na dva enaka dela.
i) Vsak del razvaljajte v dolgo, tanko ciabatto. Testo lahko oblikujemo z rokami ali pa ga razvaljamo na pomokani površini in nato prestavimo na pekač ali olupek za pico, potresen s koruzno ali zdrobovo moko.
j) Po vrhu vsake ciabatte enakomerno potresemo sesekljane olive in sveža zelišča ter jih nežno vtisnemo v testo.
k) Oblikovane čabate pokrijemo s čisto krpo in pustimo še enkrat vzhajati približno 20-30 minut.

l) Z ostrim nožem ali britvico naredite diagonalne zareze po vrhovih ciabatte. To jim pomaga razširiti in razviti klasični videz ciabatte.
m) Ciabatto previdno prestavimo v segreto pečico, lahko neposredno na pekač ali na vroč pekač. Bodite previdni pri odpiranju pečice; vroče je!
n) Pečemo približno 25-30 minut oziroma dokler ciabatta ni zlato rjave barve in ob udarjanju po dnu zveni votlo.
o) Pustite, da se ciabatta ohladi na rešetki, preden jo narežete in postrežete.
p) Uživajte v domači polnozrnati ciabatti z oljkami in zelišči s čudovitimi okusi oliv in svežih zelišč!

48. Jalapeño polnozrnata ciabatta

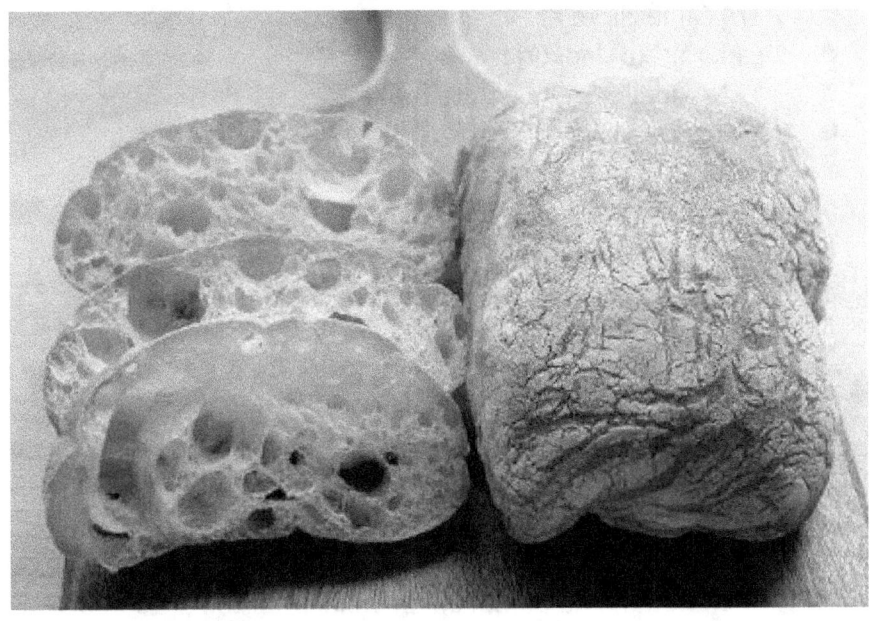

SESTAVINE:
- 1 1/2 skodelice tople vode (110 °F ali 45 °C)
- 2 1/4 čajne žličke aktivnega suhega kvasa (1 paket)
- 1 čajna žlička sladkorja
- 3 1/2 skodelice polnozrnate moke
- 1 1/2 čajne žličke soli
- 2 papriki jalapeño, brez semen in drobno narezani
- 1 žlica olivnega olja
- Koruzni zdrob ali zdrobova moka (za posip)

NAVODILA:
a) V majhni skledi zmešajte toplo vodo, kvas in sladkor. Pustite stati približno 5-10 minut, dokler zmes ne postane penasta.
b) V veliki skledi za mešanje zmešajte polnozrnato moko in sol. Na sredini mešanice moke naredite jamico.
c) V jamico v moki vlijemo kvasno zmes in olivno olje.
d) Sestavine mešamo, dokler ne nastane testo.
e) Testo gnetemo na pomokani površini približno 8-10 minut, dokler ne postane gladko in elastično. Če je testo preveč lepljivo, lahko dodate še malo moke.
f) Testo damo v rahlo naoljeno skledo, pokrijemo s čisto krpo ali plastično folijo in pustimo vzhajati na toplem brez prepiha približno 1 uro oziroma dokler se ne podvoji.
g) Pečico segrejte na 450 °F (230 °C). Pekač ali obrnjen pekač postavite v pečico, ko se predhodno segreje. Če imate kamen za pico, je ta odličen za peko ciabatte.
h) Testo preluknjamo in ga razdelimo na dva enaka dela.
i) Vsak del razvaljajte v dolgo, tanko ciabatto. Testo lahko oblikujemo z rokami ali pa ga razvaljamo na pomokani površini in nato prestavimo na pekač ali olupek za pico, potresen s koruzno ali zdrobovo moko.
j) Po vrhu vsake ciabatte enakomerno potresemo drobno sesekljano papriko jalapeño in jo nežno vtisnemo v testo.
k) Oblikovane čabate pokrijemo s čisto krpo in pustimo še enkrat vzhajati približno 20-30 minut.

l) Z ostrim nožem ali britvico naredite diagonalne zareze po vrhovih ciabatte. To jim pomaga razširiti in razviti klasični videz ciabatte.
m) Ciabatto previdno prestavimo v segreto pečico, lahko neposredno na pekač ali na vroč pekač. Bodite previdni pri odpiranju pečice; vroče je!
n) Pečemo približno 25-30 minut oziroma dokler ciabatta ni zlato rjave barve in ob udarjanju po dnu zveni votlo.
o) Pustite, da se ciabatta ohladi na rešetki, preden jo narežete in postrežete.
p) Uživajte v domači polnozrnati ciabatti Jalapeño s pikantnim okusom!

49.Polnozrnata ciabatta iz čedarja in drobnjaka

SESTAVINE:
- 1 1/2 skodelice tople vode (110 °F ali 45 °C)
- 2 1/4 čajne žličke aktivnega suhega kvasa (1 paket)
- 1 čajna žlička sladkorja
- 3 1/2 skodelice polnozrnate moke
- 1 1/2 čajne žličke soli
- 1 žlica oljčnega olja
- 1 skodelica ostrega cheddar sira, naribanega
- 1/4 skodelice svežega drobnjaka, sesekljanega
- Koruzni zdrob ali zdrobova moka (za posip)

NAVODILA:
a) V majhni skledi zmešajte toplo vodo, kvas in sladkor. Pustite stati približno 5-10 minut, dokler zmes ne postane penasta.
b) V veliki skledi za mešanje zmešajte polnozrnato moko in sol. Na sredini mešanice moke naredite jamico.
c) V jamico v moki vlijemo kvasno zmes in olivno olje.
d) Sestavine mešamo, dokler ne nastane testo.
e) Testo gnetemo na pomokani površini približno 8-10 minut, dokler ne postane gladko in elastično. Če je testo preveč lepljivo, lahko dodate še malo moke.
f) Testo damo v rahlo naoljeno skledo, pokrijemo s čisto krpo ali plastično folijo in pustimo vzhajati na toplem brez prepiha približno 1 uro oziroma dokler se ne podvoji.
g) Pečico segrejte na 450 °F (230 °C). Pekač ali obrnjen pekač postavite v pečico, ko se predhodno segreje. Če imate kamen za pico, je ta odličen za peko ciabatte.
h) Testo preluknjamo in ga razdelimo na dva enaka dela.
i) Vsak del razvaljajte v dolgo, tanko ciabatto. Testo lahko oblikujemo z rokami ali pa ga razvaljamo na pomokani površini in nato prestavimo na pekač ali olupek za pico, potresen s koruzno ali zdrobovo moko.
j) Po vrhu vsake ciabatte enakomerno potresemo nariban cheddar sir in sesekljan drobnjak ter ju nežno vtisnemo v testo.
k) Oblikovane čabate pokrijemo s čisto krpo in pustimo še enkrat vzhajati približno 20-30 minut.

l) Z ostrim nožem ali britvico naredite diagonalne zareze po vrhovih ciabatte. To jim pomaga razširiti in razviti klasični videz ciabatte.
m) Ciabatto previdno prestavimo v segreto pečico, lahko neposredno na pekač ali na vroč pekač. Bodite previdni pri odpiranju pečice; vroče je!
n) Pečemo približno 25-30 minut oziroma dokler ciabatta ni zlato rjave barve in ob udarjanju po dnu zveni votlo.
o) Pustite, da se ciabatta ohladi na rešetki, preden jo narežete in postrežete.
p) Uživajte v svoji domači ciabatti iz polnozrnatega čedarja in drobnjaka z okusno dobroto sira čedar in svežega drobnjaka!

50.ciabatta s pestom in mocarelo

SESTAVINE:
- 1 1/2 skodelice tople vode (110 °F ali 45 °C)
- 2 1/4 čajne žličke aktivnega suhega kvasa (1 paket)
- 1 čajna žlička sladkorja
- 3 1/2 skodelice polnozrnate moke
- 1 1/2 čajne žličke soli
- 1/4 skodelice pesto omake
- 1 skodelica sira mozzarella, naribanega
- Koruzni zdrob ali zdrobova moka (za posip)

NAVODILA:
a) V majhni skledi zmešajte toplo vodo, kvas in sladkor. Pustite stati približno 5-10 minut, dokler zmes ne postane penasta.
b) V veliki skledi za mešanje zmešajte polnozrnato moko in sol. Na sredini mešanice moke naredite jamico.
c) Kvasno mešanico vlijemo v jamico v moki.
d) Sestavine mešamo, dokler ne nastane testo.
e) Testo gnetemo na pomokani površini približno 8-10 minut, dokler ne postane gladko in elastično. Če je testo preveč lepljivo, lahko dodate še malo moke.
f) Testo damo v rahlo naoljeno skledo, pokrijemo s čisto krpo ali plastično folijo in pustimo vzhajati na toplem brez prepiha približno 1 uro oziroma dokler se ne podvoji.
g) Pečico segrejte na 450 °F (230 °C). Pekač ali obrnjen pekač postavite v pečico, ko se predhodno segreje. Če imate kamen za pico, je ta odličen za peko ciabatte.
h) Testo preluknjamo in ga razdelimo na dva enaka dela.
i) Vsak del razvaljajte v dolgo, tanko ciabatto. Testo lahko oblikujemo z rokami ali pa ga razvaljamo na pomokani površini in nato prestavimo na pekač ali olupek za pico, potresen s koruzno ali zdrobovo moko.
j) Pesto omako enakomerno razporedite po vrhu vsake ciabatte.
k) Na pesto potresemo naribano mocarelo.
l) Oblikovane čabate pokrijemo s čisto krpo in pustimo še enkrat vzhajati približno 20-30 minut.

m) Z ostrim nožem ali britvico naredite diagonalne zareze po vrhovih ciabatte. To jim pomaga razširiti in razviti klasični videz ciabatte.
n) Ciabatto previdno prestavimo v segreto pečico, lahko neposredno na pekač ali na vroč pekač. Bodite previdni pri odpiranju pečice; vroče je!
o) Pečemo približno 25-30 minut oziroma dokler ciabatta ni zlato rjave barve in ob udarjanju po dnu zveni votlo.
p) Pustite, da se ciabatta ohladi na rešetki, preden jo narežete in postrežete.
q) Uživajte v domači polnozrnati ciabatti s pestom in mocarelo s čudovitimi okusi pesta in gnjecavega sira mocarela!

SENDVIČI CIABATTA

51.Sendvič Caprese Ciabatta

SESTAVINE:
- 1 štruca ciabatta, po dolžini prerezana na pol
- 2 velika paradižnika, narezana na rezine
- 1 kroglica svežega sira mocarela, narezana na rezine
- Listi sveže bazilike
- Balzamična glazura
- Olivno olje
- Sol in poper po okusu

NAVODILA:
a) Notranjost vsake polovice štruce ciabatte namažite z olivnim oljem.
b) Na spodnjo polovico štruce ciabatte položite narezan paradižnik, sir mocarela in liste sveže bazilike.
c) Nadev pokapljamo z balzamično glazuro in začinimo s soljo in poprom.
d) Zgornjo polovico štruce ciabatte položite čez nadev, da ustvarite sendvič.
e) Sendvič narežite na posamezne porcije in postrezite.

52. Piščančji pesto ciabatta sendvič na žaru

SESTAVINE:
- 1 štruca ciabatta, po dolžini prerezana na pol
- 2 narezani piščančji prsi na žaru
- 4 žlice pesto omake
- 1 skodelica listov mlade špinače
- 1 paradižnik, narezan
- 4 rezine sira provolone

NAVODILA:
a) Spodnjo polovico štruce ciabatte namažite s pesto omako.
b) Na pesto položite rezine pečenega piščanca, liste mlade špinače, rezine paradižnika in sir provolone.
c) Zgornjo polovico štruce ciabatte položite čez nadev, da ustvarite sendvič.
d) Sendvič pecite na stiskalnici za panini ali žar ponvi, dokler se sir ne stopi in kruh hrustljavo zapeče.
e) Sendvič narežite na posamezne porcije in postrezite vroč.

53. Italijanski sendvič ciabatta

SESTAVINE:
- 1 štruca ciabatta, po dolžini prerezana na pol
- 4 rezine pršuta
- 4 rezine salame
- 4 rezine mortadele
- 4 rezine sira provolone
- 1/2 skodelice pečene rdeče paprike, narezane na rezine
- 1/4 skodelice narezanih črnih oliv
- 1/4 skodelice narezanih feferoncinov
- Olivno olje
- Sol in poper po okusu

NAVODILA:
a) Notranjost vsake polovice štruce ciabatte namažite z olivnim oljem.
b) Na spodnjo polovico štruce ciabatte naložimo pršut, salamo, mortadelo, sir provolone, pečeno rdečo papriko, črne olive in feferončine.
c) Začinimo s soljo in poprom.
d) Zgornjo polovico štruce ciabatte položite čez nadev, da ustvarite sendvič.
e) Sendvič narežite na posamezne porcije in postrezite.

54. Mediteranski zelenjavni sendvič s ciabatto

SESTAVINE:
- 1 štruca ciabatta, po dolžini prerezana na pol
- 1/2 skodelice humusa
- 1 skodelica mešanega zelenja
- 1/2 skodelice narezane kumare
- 1/2 skodelice narezanega paradižnika
- 1/4 skodelice narezane rdeče čebule
- 1/4 skodelice zdrobljenega feta sira
- Olive Kalamata, za okras
- Olivno olje
- Sol in poper po okusu

NAVODILA:

a) Spodnjo polovico štruce ciabatte namažite s humusom.

b) Na humus položite mešano zelenjavo, narezano kumaro, narezan paradižnik, narezano rdečo čebulo in nadrobljen feta sir.

c) Nadev pokapljamo z oljčnim oljem in začinimo s soljo in poprom.

d) Zgornjo polovico štruce ciabatte položite čez nadev, da ustvarite sendvič.

e) Sendvič narežite na posamezne porcije in pred serviranjem okrasite z olivami Kalamata.

55.Puranji brusnični ciabatta sendvič

SESTAVINE:
- 1 štruca ciabatta, po dolžini prerezana na pol
- Narezane puranje prsi
- Brusnična omaka
- Listi mlade špinače
- Narezan brie sir
- Dijonska gorčica

NAVODILA:
a) Spodnjo polovico štruce ciabatte namažite z dijonsko gorčico.
b) Na gorčico položite narezane puranje prsi, brusnično omako, liste mlade špinače in narezan brie sir.
c) Zgornjo polovico štruce ciabatte položite čez nadev, da ustvarite sendvič.
d) Sendvič narežite na posamezne porcije in postrezite.

56.Sendvič s ciabatto s parmezanom in jajčevcem

SESTAVINE:
- 1 štruca ciabatta, po dolžini prerezana na pol
- Panirane in ocvrte rezine jajčevca
- Marinara omaka
- Narezan sir mocarela
- Listi sveže bazilike

NAVODILA:

a) Spodnjo polovico štruce ciabatte namažite z marinara omako.

b) Na omako po plasteh zložimo panirane in ocvrte rezine jajčevcev, narezano mocarelo in liste sveže bazilike.

c) Zgornjo polovico štruce ciabatte položite čez nadev, da ustvarite sendvič.

d) Sendvič narežite na posamezne porcije in postrezite.

57. Sendvič s pečeno govedino in hrenom ciabatta

SESTAVINE:
- 1 štruca ciabatta, po dolžini prerezana na pol
- Na tanke rezine narezana pečenka
- Hrenova omaka
- Rukola
- Narezana rdeča čebula
- Rezine švicarskega sira

NAVODILA:
a) Spodnjo polovico štruce ciabatte namažemo s hrenovo omako.
b) Na omako naložimo na tanke rezine narezano govejo pečenko, rukolo, narezano rdečo čebulo in rezine švicarskega sira.
c) Zgornjo polovico štruce ciabatte položite čez nadev, da ustvarite sendvič.
d) Sendvič narežite na posamezne porcije in postrezite.

58.Tunina solata Ciabatta sendvič

SESTAVINE:
- 1 štruca ciabatta, po dolžini prerezana na pol
- Tunina solata (pripravljena s tuno v konzervi, majonezo, na kocke narezane zelene, na kocke narezane rdeče čebule, soli in popra)
- Narezan paradižnik
- Solatni listi
- Narezan avokado

NAVODILA:
a) Na spodnjo polovico štruce ciabatte namažemo tunino solato.
b) Na tunino solato po plasteh naložimo narezan paradižnik, liste zelene solate in narezan avokado.
c) Zgornjo polovico štruce ciabatte položite čez nadev, da ustvarite sendvič.
d) Sendvič narežite na posamezne porcije in postrezite.

59. Mocarela Pesto Veggie Ciabatta sendvič

SESTAVINE:
- 1 štruca ciabatta, po dolžini prerezana na pol
- Pesto omaka
- Narezan svež sir mocarela
- Na žaru ali pečena zelenjava (kot so bučke, paprika in jajčevci)
- Listi sveže špinače

NAVODILA:

a) Spodnjo polovico štruce ciabatte namažite s pesto omako.

b) Na pesto po plasteh naložimo narezano svežo mocarelo, pečeno ali pečeno zelenjavo in liste sveže špinače.

c) Zgornjo polovico štruce ciabatte položite čez nadev, da ustvarite sendvič.

d) Sendvič narežite na posamezne porcije in postrezite.

60. Sendvič z dimljenim lososom in kremnim sirom

SESTAVINE:
- 1 štruca ciabatta, po dolžini prerezana na pol
- Rezine dimljenega lososa
- Kremasti sir
- Na tanko narezana rdeča čebula
- Kapre
- Svež koper

NAVODILA:
a) Spodnjo polovico štruce ciabatte namažemo s kremnim sirom.
b) Na kremni sir položimo rezine dimljenega lososa, na tanke rezine narezano rdečo čebulo, kapre in svež koper.
c) Zgornjo polovico štruce ciabatte položite čez nadev, da ustvarite sendvič.
d) Sendvič narežite na posamezne porcije in postrezite.

61. BBQ sendvič s svinjsko ciabatto

SESTAVINE:
- 1 štruca ciabatta, po dolžini prerezana na pol
- Svinjina na žaru
- zeljna solata
- Kisle kumarice

NAVODILA:
a) Segrejte vlečeno svinjino na žaru.
b) Na spodnjo polovico štruce ciabatte položite segreto vlečeno svinjino na žaru in zeljno solato.
c) Na vrh zeljne solate dodamo kisle kumarice.
d) Zgornjo polovico štruce ciabatte položite čez nadev, da ustvarite sendvič.
e) Sendvič narežite na posamezne porcije in postrezite.

62.Grški piščančji sendvič ciabatta

SESTAVINE:
- 1 štruca ciabatta, po dolžini prerezana na pol
- Piščančje prsi na žaru, narezane
- Tzatziki omaka
- Narezana kumara
- Narezan paradižnik
- Rezine rdeče čebule
- Olive Kalamata
- Nadrobljen feta sir

NAVODILA:
a) Spodnjo polovico štruce ciabatte namažite s tzatziki omako.
b) Na tzatziki omako položite narezane piščančje prsi na žaru, narezane kumare, narezan paradižnik, rezine rdeče čebule, olive Kalamata in zdrobljen feta sir.
c) Zgornjo polovico štruce ciabatte položite čez nadev, da ustvarite sendvič.
d) Sendvič narežite na posamezne porcije in postrezite.

63. Sendvič z zrezkom in karamelizirano čebulo

SESTAVINE:
- 1 štruca ciabatta, po dolžini prerezana na pol
- Narezan zrezek (kot je rebula ali pečenka), pečen po vaših željah
- Karamelizirana čebula
- Narezan sir provolone
- Rukola
- Hrenov aioli (majoneza pomešana s pripravljenim hrenom)

NAVODILA:
a) Na spodnjo polovico štruce ciabatte namažemo aioli s hrenom.
b) Na vrh aiolija položite narezan zrezek, karamelizirano čebulo, narezan sir provolone in rukolo.
c) Zgornjo polovico štruce ciabatte položite čez nadev, da ustvarite sendvič.
d) Sendvič narežite na posamezne porcije in postrezite.

64. Avokadov piščančji sendvič Caesar Ciabatta

SESTAVINE:
- 1 štruca ciabatta, po dolžini prerezana na pol
- Piščančje prsi na žaru, narezane
- Listi rimske solate
- Cezarjev preliv
- Narezan avokado
- Naribani parmezan

NAVODILA:
a) Spodnjo polovico štruce ciabatte namažite s cezarjevim prelivom.
b) Na vrh preliva položite piščančje prsi na žaru, liste zelene solate, narezan avokado in nariban parmezan.
c) Zgornjo polovico štruce ciabatte položite čez nadev, da ustvarite sendvič.
d) Sendvič narežite na posamezne porcije in postrezite.

65. Buffalo Chicken Ciabatta sendvič

SESTAVINE:
- 1 štruca ciabatta, po dolžini prerezana na pol
- Narezan bivolji piščanec (kuhan piščanec, prelit v bivoljo omako)
- Preliv iz modrega sira
- Narezana zelena
- Narezana rdeča čebula
- Solatni listi

NAVODILA:
a) Spodnjo polovico štruce ciabatte namažite s prelivom iz modrega sira.
b) Na preliv položite narezano bivolje piščance, narezano zeleno, narezano rdečo čebulo in liste zelene solate.
c) Zgornjo polovico štruce ciabatte položite čez nadev, da ustvarite sendvič.
d) Sendvič narežite na posamezne porcije in postrezite.

66. Muffuletta Ciabatta sendvič

SESTAVINE:
- 1 štruca ciabatta, po dolžini prerezana na pol
- Narezana šunka
- Narezana salama
- Narezana mortadela
- Narezan sir provolone
- Muffuletta olivna solata

NAVODILA:

a) Na spodnjo polovico štruce ciabatte položimo narezano šunko, salamo, mortadelo in sir provolone.

b) Po vrhu sira razporedite muffuletta olivno solato.

c) Zgornjo polovico štruce ciabatte položite čez nadev, da ustvarite sendvič.

d) Sendvič narežite na posamezne porcije in postrezite.

67. Glaziran sendvič z gobami Portobello

SESTAVINE:
- 1 štruca ciabatta, po dolžini prerezana na pol
- Portobello gobe, peclji odstranjeni
- Balzamična glazura
- Olivno olje
- Strok česna, mleto
- Listi mlade špinače
- Narezana rdeča paprika
- Narezan sir provolone

NAVODILA:
a) Pečico segrejte na 400°F (200°C).
b) Gobe portobello namažite z oljčnim oljem in mletim česnom. Pečemo jih 15-20 minut, dokler niso mehki.
c) Gobe pokapajte z balzamično glazuro.
d) Na spodnjo polovico štruce ciabatte po plasteh zložimo pečene gobe, liste mlade špinače, narezano rdečo papriko in sir provolone.
e) Zgornjo polovico štruce ciabatte položite čez nadev, da ustvarite sendvič.
f) Sendvič narežite na posamezne porcije in postrezite.

68. Tofu Banh Mi Ciabatta sendvič

SESTAVINE:
- 1 štruca ciabatta, po dolžini prerezana na pol
- Pečene ali ocvrte rezine tofuja
- Vloženo korenje in redkev daikon
- Narezana kumara
- Narezani jalapeños
- Sveži listi cilantra
- Veganska majoneza
- Sriracha omaka

NAVODILA:

a) Spodnjo polovico štruce ciabatte namažemo z vegansko majonezo in sriracha omako.

b) Na vrh omake položite pečene ali ocvrte rezine tofuja, vloženo korenje in redkev daikon, narezane kumare, narezane jalapeños in sveže liste korianderja.

c) Zgornjo polovico štruce ciabatte položite čez nadev, da ustvarite sendvič.

d) Sendvič narežite na posamezne porcije in postrezite.

69. Italijanski sendvič s klobasami in papriko Ciabatta

SESTAVINE:
- 1 štruca ciabatta, po dolžini prerezana na pol
- Italijanski klobasi, kuhani in narezani
- Pražena paprika in čebula
- Marinara omaka
- Narezan sir provolone

NAVODILA:
a) Spodnjo polovico štruce ciabatte namažite z marinara omako.
b) Na omako naložimo rezine kuhane italijanske klobase, popraženo papriko in čebulo ter narezan sir provolone.
c) Zgornjo polovico štruce ciabatte položite čez nadev, da ustvarite sendvič.
d) Sendvič narežite na posamezne porcije in postrezite.

70.Sendvič z zrezkom ciabatta

SESTAVINE:
- 1 (2 funta) londonske pečenke
- 1 žlica olivnega olja
- 1 žlica začimbe za zrezke
- 2 žlici pesta
- 1/4 skodelice majoneze
- 4 ciabatta zvitki, po dolžini prerezani na 1/2
- 3 slivovi paradižniki, narezani

NAVODILA:
a) Žar segrejte na srednjo temperaturo.
b) London broil premažite z oljčnim oljem in začinite z začimbo za zrezke. Postavite na žar. Pecite 3 do 5 minut na stran, odvisno od debeline in želje. Ko končate, pustite počivati 5 minut in nato narežite na rezine.
c) V majhni skledi zmešajte pesto in majonezo.
d) Spodnjo polovico vsake ciabatte namažite z mešanico majoneze.
e) Na vrh položite rezine paradižnika in meso. Pokrijemo z zgornjimi polovicami in postrežemo.

71. Ciabatta pršut Sendvič

SESTAVINE:
- 4 štručke kruha ciabatta, majhne
- 2 žlici olivnega olja
- ¾ lb pršuta, razdeljen
- 1 skodelica paradižnika, narezanega, razdeljenega
- 1 skodelica rukole, oprane in posušene, razdeljene
- 1 skodelica majoneze, razdeljena

NAVODILA:
a) Začnite tako, da vsako ciabatto prerežete na pol, tako da imate zgornji in spodnji del.
b) Notranjost vsakega kosa ciabatte rahlo namažite z olivnim oljem.
c) Rezine položimo na pekač in jih pečemo v pečici 7 minut. To lahko storite tudi tako, da z oljem namazano stran kruha na ponvi na srednjem ognju popečete 2 minuti ali dokler ni rahlo rjava.
d) Na vsak spodnji kos ciabatte položimo plast rukole, rezine paradižnika in nato pršut.
e) Če želite, prelijte z majonezo ali gorčičnim namazom.
f) Na vrh pršuta položite drugo polovico kruha ciabatta, da zaključite sendvič.
g) Postopek ponavljamo dokler niso vsi 4 hlebčki napolnjeni z vsemi sestavinami.
h) Postrezite in uživajte!

NADEVANA CIABATTA

72.Caprese polnjena ciabatta

SESTAVINE:
- 1 ciabatta
- 8 unč sveže narezane mocarele
- 1 skodelica češnjevih paradižnikov, prepolovljena
- Listi sveže bazilike
- Balzamična glazura

NAVODILA:
a) Ciabatto po dolžini prerežite na pol.
b) Notranjost ciabatte izdolbite, da ustvarite prostor za nadev.
c) V ciabatto po plasteh položite svežo mocarelo, češnjeve paradižnike in liste bazilike.
d) Prelijemo z balzamično glazuro.
e) Na vrh položite drugo polovico ciabatte in jo nežno pritisnite.
f) Narežemo in postrežemo.

73. Ciabatta, polnjena s špinačo in artičokami

SESTAVINE:
- 1 ciabatta
- 1 (10 unč) paket zamrznjene špinače, odmrznjene in ožete
- 1 (14 unč) pločevinka srčkov artičok, odcejenih in sesekljanih
- 1 skodelica majoneze
- 1 skodelica naribanega parmezana
- 1 skodelica naribanega sira mozzarella
- 2 stroka česna, nasekljana

NAVODILA:
a) Pečico segrejte na 350 °F (175 °C).
b) Ciabatto po dolgem prerežemo na pol in izdolbemo notranjost.
c) V posodi za mešanje zmešajte špinačo, sesekljane srčke artičok, majonezo, parmezan, mocarelo in sesekljan česen.
d) Zmes nadevajte v izdolbeno čabato.
e) Nadevano ciabatto zavijte v aluminijasto folijo in pecite približno 25-30 minut oziroma dokler ni nadev vroč in mehurčkast.
f) Odvijte, narežite in postrezite.

74.Mediteranska polnjena ciabatta

SESTAVINE:
- 1 ciabatta
- Humus
- Pečena rdeča paprika, narezana
- Olive (kalamata ali črne), narezane na rezine
- Feta sir, zdrobljen
- Sveža rukola

NAVODILA:
a) Ciabatto po dolžini prerežite na pol.
b) Na obeh straneh namažite izdatno plast humusa.
c) Na eno stran ciabatte položite pečeno rdečo papriko, olive in nadrobljen feta sir.
d) Na vrh potresemo svežo rukolo.
e) Na vrh položite drugo polovico ciabatte in jo nežno pritisnite.
f) Narežemo in postrežemo.

75.Ciabatta kruh s tremi siri

SESTAVINE:
- 1 štruca ciabatta
- 1 skodelica naribanega sira mozzarella
- 1/2 skodelice naribanega parmezana
- 1/2 skodelice zdrobljenega feta sira
- 2 stroka česna, nasekljana
- 1/4 skodelice sesekljanega svežega peteršilja
- 1/4 skodelice olivnega olja

NAVODILA:
a) Pečico segrejte na 375 °F (190 °C).
b) Štruco ciabatta po dolgem prerežemo na pol in obe polovici položimo na pekač.
c) V manjši skledi zmešajte sesekljan česen, sesekljan peteršilj in olivno olje.
d) Mešanico česna in peteršilja enakomerno premažite po obeh polovicah štruce ciabatte.
e) Po vrhu kruha enakomerno potresemo naribano mocarelo, nariban parmezan in nadrobljen feta sir.
f) Pečemo v predhodno ogreti pečici 10-15 minut oziroma dokler se sir ne stopi in postane mehurček, kruh pa zlato rjav.
g) Odstranite iz pečice, narežite in postrezite toplo.

76. Italijanska ciabatta z mesnimi kroglicami

SESTAVINE:
- 1 ciabatta
- Mini mesne kroglice (predkuhane)
- Marinara omaka
- Mozzarella sir, nastrgan

NAVODILA:
a) Ciabatto po dolžini prerežite na pol.
b) Mini mesne kroglice in marinara omako segrejte v ponvi.
c) V ciabatto z žlico naložite mesne kroglice in omako.
d) Potresemo z naribano mocarelo.
e) Na vrh položite drugo polovico ciabatte in jo nežno pritisnite.
f) Narežemo in postrežemo.

77. Ciabatta, polnjena s cajunskimi kozicami

SESTAVINE:
- 1 ciabatta
- 1 funt velika kozica, olupljena in razrezana
- 2 žlici začimbe Cajun
- 2 žlici masla
- 1/2 skodelice majoneze
- 2 stroka česna, nasekljana
- 1 žlica limoninega soka
- Narezana solata
- Narezan paradižnik

NAVODILA:
a) Ciabatto po dolžini prerežite na pol.
b) Kozico prelijemo z začimbo Cajun.
c) V ponvi raztopite maslo in pražite kozice, dokler niso kuhane, približno 2-3 minute na stran.
d) V majhni skledi zmešajte majonezo, sesekljan česen in limonin sok.
e) Notranjost ciabatte namažite s česnovo majonezo.
f) Na spodnjo polovico ciabatte položimo kuhane kozice.
g) Po vrhu z narezano solato in paradižnikom.
h) Na vrh položite drugo polovico ciabatte in jo nežno pritisnite.
i) Narežemo in postrežemo.

78. Ciabatta kruh s sirom iz špinače in artičoke

SESTAVINE:
- 1 štruca ciabatta
- 1 skodelica naribanega sira mozzarella
- 1/2 skodelice naribanega parmezana
- 1/2 skodelice sesekljane kuhane špinače (dobro odcejene)
- 1/2 skodelice sesekljanih mariniranih srčkov artičoke (dobro odcejenih)
- 2 stroka česna, nasekljana
- 1/4 skodelice majoneze

NAVODILA:
a) Pečico segrejte na 375 °F (190 °C).
b) Štruco ciabatta po dolgem prerežemo na pol in obe polovici položimo na pekač.
c) V manjši posodi zmešajte sesekljan česen in majonezo.
d) Česnovo majonezo enakomerno namažite po obeh polovicah štruce ciabatte.
e) Po vrhu kruha enakomerno potresemo naribano mocarelo in nastrgan parmezan.
f) Po siru enakomerno porazdelite sesekljano špinačo in sesekljane srčke artičok.
g) Pečemo v predhodno ogreti pečici 10-15 minut oziroma dokler se sir ne stopi in postane mehurček, kruh pa zlato rjav.
h) Odstranite iz pečice, narežite in postrezite toplo.

79.BBQ polnjena svinjska ciabatta

SESTAVINE:
- 1 ciabatta
- 2 skodelici vlečene svinjine
- 1 skodelica zeljne solate
- BBQ omaka

NAVODILA:
a) Ciabatto po dolžini prerežite na pol.
b) Pogrejte vlečeno svinjino.
c) Napolnite ciabatto s toplo vlečeno svinjino.
d) Po vrhu z zeljno solato.
e) Prelijemo z BBQ omako.
f) Na vrh položite drugo polovico ciabatte in jo nežno pritisnite.
g) Narežemo in postrežemo.

80. Cezarjeva polnjena ciabatta s piščancem

SESTAVINE:
- 1 ciabatta
- Piščančje prsi na žaru, narezane
- Rimska solata, narezana
- Cezarjev preliv
- Nariban parmezan

NAVODILA:
a) Ciabatto po dolžini prerežite na pol.
b) Na obeh straneh ciabatte namažite cezarjev preliv.
c) Na spodnjo polovico položimo narezano pečeno piščančje meso.
d) Po vrhu potresemo sesekljano solato romaine in nariban parmezan.
e) Na vrh položite drugo polovico ciabatte in jo nežno pritisnite.
f) Narežemo in postrežemo.

81. Kruh ciabatta s česnom in zelišči

SESTAVINE:
- 1 štruca ciabatta
- 1/2 skodelice naribanega sira mozzarella
- 1/2 skodelice naribanega cheddar sira
- 1/4 skodelice naribanega parmezana
- 3 stroki česna, sesekljani
- 2 žlici sesekljanega svežega peteršilja
- 1/4 skodelice nesoljenega masla, stopljenega

NAVODILA:
a) Pečico segrejte na 375 °F (190 °C).
b) Štruco ciabatta po dolgem prerežemo na pol in obe polovici položimo na pekač.
c) V manjši skledi zmešamo sesekljan česen, sesekljan peteršilj in stopljeno maslo.
d) Česen in peteršiljevo maslo enakomerno premažite po obeh polovicah štruce ciabatte.
e) Po vrhu kruha enakomerno potresemo naribano mocarelo, nastrgan čedar in nariban parmezan.
f) Pečemo v predhodno ogreti pečici 10-15 minut oziroma dokler se sir ne stopi in postane mehurček, kruh pa zlato rjav.
g) Odstranite iz pečice, narežite in postrezite toplo.

82.Taco polnjena ciabatta

SESTAVINE:
- 1 ciabatta
- Mleta govedina ali puran, kuhana in začinjena z začimbo za taco
- Salsa
- Guacamole
- Kisla smetana
- Narezana solata
- Na kocke narezan paradižnik

NAVODILA:
a) Ciabatto po dolžini prerežite na pol.
b) Nadevajte s kuhano in začinjeno mleto govedino ali puranom.
c) Na vrh dajte salso, guacamole, kislo smetano, narezano solato in na kocke narezane paradižnike.
d) Na vrh položite drugo polovico ciabatte in jo nežno pritisnite.
e) Narežemo in postrežemo.

83. Ciabatta, polnjena z govejo pečenko in hrenom

SESTAVINE:
- 1 ciabatta
- Narezana pečenka
- Hrenova omaka
- Švicarski sir, narezan
- Rdeča čebula, tanko narezana
- Rukola

NAVODILA:
a) Ciabatto po dolžini prerežite na pol.
b) Na obeh straneh ciabatte namažemo s hrenovo omako.
c) Na spodnjo polovico položite narezano govejo pečenko, švicarski sir, rdečo čebulo in rukolo.
d) Na vrh položite drugo polovico ciabatte in jo nežno pritisnite.
e) Narežemo in postrežemo.

84. Ciabatta, polnjena z bivoljim piščancem

SESTAVINE:
- 1 ciabatta
- Kuhan in narezan piščanec (začinjen z bivoljo omako)
- Preliv iz modrega sira
- Narezana zelena
- Narezana zelena čebula

NAVODILA:
a) Ciabatto po dolžini prerežite na pol.
b) Kuhanega in natrganega piščanca prelijemo z bivoljo omako.
c) Na obeh straneh ciabatte namažite preliv iz modrega sira.
d) Na spodnjo polovico položite bivoljega piščanca.
e) Na vrh potresemo narezano zeleno in zeleno čebulo.
f) Na vrh položite drugo polovico ciabatte in jo nežno pritisnite.
g) Narežemo in postrežemo.

85. Ciabatta s piščancem, polnjena s pestom

SESTAVINE:
- 1 ciabatta
- Piščančje prsi na žaru, narezane
- Pesto omaka
- Narezana pečena rdeča paprika
- Mozzarella sir, nastrgan

NAVODILA:
a) Ciabatto po dolžini prerežite na pol.
b) Ciabatto namažemo s pesto omako na obeh straneh.
c) Na spodnjo polovico položimo narezano pečeno piščančje meso.
d) Po vrhu potresemo na rezine narezano pečeno rdečo papriko in naribano mocarelo.
e) Na vrh položite drugo polovico ciabatte in jo nežno pritisnite.
f) Narežemo in postrežemo.

86.Jalapeño Popper Cheesy Ciabatta kruh

SESTAVINE:
- 1 štruca ciabatta
- 1 skodelica naribanega sira mozzarella
- 1/2 skodelice naribanega cheddar sira
- 1/4 skodelice kremnega sira, zmehčanega
- 2-3 jalapeños, brez semen in narezan na kocke
- 2 stroka česna, nasekljana
- 2 žlici sesekljanega svežega cilantra (neobvezno)

NAVODILA:
a) Pečico segrejte na 375 °F (190 °C).
b) Štruco ciabatta po dolgem prerežemo na pol in obe polovici položimo na pekač.
c) V majhni skledi zmešajte zmehčan kremni sir, sesekljan česen, na kocke narezan jalapeños in sesekljan koriander.
d) Mešanico kremnega sira enakomerno porazdelite po obeh polovicah štruce ciabatte.
e) Po vrhu kruha enakomerno potresemo naribano mocarelo in nariban sir cheddar.
f) Pečemo v predhodno ogreti pečici 10-15 minut oziroma dokler se sir ne stopi in postane mehurček, kruh pa zlato rjav.
g) Odstranite iz pečice, narežite in postrezite toplo.

87. Ciabatta z dimljenim lososom in kremnim sirom

SESTAVINE:
- 1 ciabatta
- Rezine dimljenega lososa
- Kremasti sir
- Narezana rdeča čebula
- Kapre
- Svež koper

NAVODILA:
a) Ciabatto po dolžini prerežite na pol.
b) Na obeh straneh ciabatte namažemo s kremnim sirom.
c) Na spodnjo polovico položite dimljenega lososa.
d) Po vrhu potresemo narezano rdečo čebulo, kapre in svež koper.
e) Na vrh položite drugo polovico ciabatte in jo nežno pritisnite.
f) Narežemo in postrežemo.

88.BLT Polnjena ciabatta

SESTAVINE:
- 1 ciabatta
- Slanina, kuhana in zdrobljena
- Narezan paradižnik
- Solatni listi
- Majoneza

NAVODILA:
a) Ciabatto po dolžini prerežite na pol.
b) Ciabatto namažite z majonezo na obeh straneh.
c) Na spodnjo polovico položite slanino, narezan paradižnik in zeleno solato.
d) Na vrh položite drugo polovico ciabatte in jo nežno pritisnite.
e) Narežemo in postrežemo.

89. Polnjena jajčna solata ciabatta

SESTAVINE:
- 1 ciabatta
- Jajčna solata (iz trdo kuhanih jajc, majoneze, gorčice in začimb)
- Solatni listi
- Narezane kisle kumarice

NAVODILA:
a) Ciabatto po dolžini prerežite na pol.
b) Na spodnjo polovico namažemo plast jajčne solate.
c) Po vrhu obložimo liste zelene solate in narezane kisle kumarice.
d) Na vrh položite drugo polovico ciabatte in jo nežno pritisnite.
e) Narežemo in postrežemo.

90.Ciabatta , polnjena z zelenjavo in humusom

SESTAVINE:
- 1 ciabatta
- Humus
- Narezane kumare
- Narezana paprika
- Narezana rdeča čebula
- Narezane črne olive
- Solatni listi

NAVODILA:
a) Ciabatto po dolžini prerežite na pol.
b) Na obeh straneh ciabatte namažite plast humusa.
c) Na spodnjo polovico položite narezane kumare, papriko, rdečo čebulo, črne olive in zeleno solato.
d) Na vrh položite drugo polovico ciabatte in jo nežno pritisnite.
e) Narežemo in postrežemo.

91.Jagodna ciabatta

SESTAVINE:
- 1 ciabatta
- 1 skodelica svežih jagod, narezanih
- 8 oz kremni sir, zmehčan
- 2 žlici sladkorja v prahu
- 1 čajna žlička vanilijevega ekstrakta
- Lupina 1 limone
- Listi sveže mete za okras (neobvezno)

NAVODILA:
a) Pečico segrejte na 350 °F (175 °C).
b) Ciabatto po dolžini prerežite na pol, tako da ustvarite dve polovici.
c) Polpete ciabatte položimo na pekač in jih v ogreti pečici pražimo približno 5 minut oziroma toliko časa, da rahlo hrustljavo zapečejo. Ta korak lahko preskočite, če imate raje mehkejšo ciabatto.
d) V skledi za mešanje zmešajte zmehčan kremni sir, sladkor v prahu, vanilijev ekstrakt in limonino lupinico. Mešajte, dokler ni gladka in dobro združena.
e) Ko so polovice ciabatte popečene, jih pustite nekaj minut, da se ohladijo.
f) Mešanico kremnega sira enakomerno porazdelite po prerezanih straneh ciabatte.
g) Narezane jagode razporedite po plasti kremnega sira.
h) Po želji okrasite z listi sveže mete za piko na i barve in okusa.
i) Dve polovici ciabatte sestavite skupaj v sendvič.
j) Z ostrim nožem narežite ciabatto na posamezne porcije.
k) Postrezite svojo jagodno ciabatto in uživajte!

92.Fig Ciabatta

SESTAVINE:
- 1 ciabatta
- 8-10 svežih fig, narezanih
- 4 oz kozjega sira ali kremnega sira
- 2-3 žlice medu
- Listi svežega rožmarina za okras (neobvezno)

NAVODILA:
a) Pečico segrejte na 350 °F (175 °C).
b) Ciabatto po dolžini prerežite na pol, tako da ustvarite dve polovici.
c) Polpete ciabatte položimo na pekač in jih v ogreti pečici pražimo približno 5 minut oziroma toliko časa, da rahlo hrustljavo zapečejo. Ta korak lahko preskočite, če imate raje mehkejšo ciabatto.
d) Medtem ko se ciabatta praži, operemo in narežemo sveže fige.
e) Ko so polovice ciabatte popečene, jih pustite nekaj minut, da se ohladijo.
f) Kozji sir ali kremni sir enakomerno razporedite po odrezanih straneh ciabatte.
g) Narezane fige razporedimo po sirni plasti.
h) Fige pokapljamo z medom. Količino medu lahko prilagodite svojemu okusu.
i) Po želji okrasite s svežimi listi rožmarina za dišeč pridih.
j) Dve polovici ciabatte sestavite skupaj v sendvič.
k) Z ostrim nožem narežite ciabatto na posamezne porcije.
l) Postrezite Fig Ciabatto in uživajte!

93.Jabolčna čabatta

SESTAVINE:
- 1 ciabatta
- 2-3 jabolka, narezana na tanke rezine (uporabite svojo najljubšo sorto)
- 4 oz Brie sira ali kremnega sira
- 2 žlici medu
- 1/4 skodelice sesekljanih orehov (neobvezno)
- Listi svežega timijana za okras (neobvezno)

NAVODILA:
a) Pečico segrejte na 350 °F (175 °C).
b) Ciabatto po dolžini prerežite na pol, tako da ustvarite dve polovici.
c) Polpete ciabatte položimo na pekač in jih v ogreti pečici pražimo približno 5 minut oziroma toliko časa, da rahlo hrustljavo zapečejo. Ta korak lahko preskočite, če imate raje mehkejšo ciabatto.
d) Medtem ko se ciabatta praži, jabolka operemo, odstranimo sredico in na tanko narežemo.
e) Ko so polovice ciabatte popečene, jih pustite nekaj minut, da se ohladijo.
f) Sir brie ali kremni sir enakomerno razporedite po odrezanih straneh ciabatte.
g) Narezana jabolka razporedimo po sloju sira.
h) Jabolka pokapljajte z medom. Količino medu prilagodite želeni stopnji sladkosti.
i) Če želite, po vrhu jabolk potresite sesekljane orehe za prijetno hrustljanje.
j) Če imate sveže lističe timijana, okrasite jabolčno ciabatto z nekaj vejicami timijana za dodaten okus.
k) Dve polovici ciabatte sestavite skupaj v sendvič.
l) Z ostrim nožem narežite ciabatto na posamezne porcije.
m) Postrezite svojo Apple Ciabatto in uživajte!

94.Breskev in bazilika Ciabatta

SESTAVINE:
- 1 ciabatta
- 2-3 zrele breskve, na tanke rezine
- 4 oz svežega sira mocarela, narezanega
- Listi sveže bazilike
- 2 žlici ekstra deviškega oljčnega olja
- 1 žlica balzamičnega kisa
- Sol in črni poper po okusu

NAVODILA:
a) Pečico segrejte na 350 °F (175 °C).
b) Ciabatto po dolžini prerežite na pol, tako da ustvarite dve polovici.
c) Polpete ciabatte položimo na pekač in jih v ogreti pečici pražimo približno 5 minut oziroma toliko časa, da rahlo hrustljavo zapečejo. Ta korak lahko preskočite, če imate raje mehkejšo ciabatto.
d) Medtem ko se ciabatta praži, operemo in na tanko narežemo zrele breskve.
e) Ko so polovice ciabatte popečene, jih pustite nekaj minut, da se ohladijo.
f) Na eno polovico ciabatte razporedite rezine sveže mocarele.
g) Na mocarelo položimo narezane breskve.
h) Liste sveže bazilike natrgajte in jih raztresite po breskvah.
i) Plast breskev in bazilike pokapajte z ekstra deviškim oljčnim oljem in balzamičnim kisom.
j) Po okusu začinimo s ščepcem soli in sveže mletim črnim poprom.
k) Na vrh položite drugo polovico ciabatte, da ustvarite sendvič.
l) Z ostrim nožem narežite ciabatto na posamezne porcije.
m) Postrezite ciabatto z breskvami in baziliko in uživajte!

95.Ciabatta z malinami in kozjim sirom

SESTAVINE:
- 1 ciabatta
- 4 oz kozjega sira
- 1 skodelica svežih malin
- 2 žlici medu
- Listi sveže mete (po želji, za okras)

NAVODILA:
a) Pečico segrejte na 350 °F (175 °C).
b) Ciabatto po dolžini prerežite na pol, tako da ustvarite dve polovici.
c) Polpete ciabatte položimo na pekač in jih v ogreti pečici pražimo približno 5 minut oziroma toliko časa, da rahlo hrustljavo zapečejo. Ta korak lahko preskočite, če imate raje mehkejšo ciabatto.
d) Medtem ko se ciabatta praži, operemo sveže maline.
e) Ko so polovice ciabatte popečene, jih pustite nekaj minut, da se ohladijo.
f) Kozji sir enakomerno razporedite po odrezanih straneh ciabatte.
g) Sveže maline razporedite po plasti kozjega sira.
h) Maline pokapajte z medom. Količino medu lahko prilagodite želeni stopnji sladkosti.
i) Po želji okrasite s svežimi metinimi lističi za piko na i barve in dodaten okus.
j) Dve polovici ciabatte sestavite skupaj v sendvič.
k) Z ostrim nožem narežite ciabatto na posamezne porcije.
l) Postrezite ciabatto z malinami in kozjim sirom in uživajte!

96. Ciabatta iz grozdja in gorgonzole

SESTAVINE:
- 1 ciabatta
- 4 oz sira Gorgonzola
- 1 skodelica rdečega ali črnega grozdja brez pečk, prepolovljena
- 2 žlici medu
- Listi svežega timijana (neobvezno, za okras)

NAVODILA:
a) Pečico segrejte na 350 °F (175 °C).
b) Ciabatto po dolžini prerežite na pol, tako da ustvarite dve polovici.
c) Polpete ciabatte položimo na pekač in jih v ogreti pečici pražimo približno 5 minut oziroma toliko časa, da rahlo hrustljavo zapečejo. Ta korak lahko preskočite, če imate raje mehkejšo ciabatto.
d) Medtem ko se ciabatta praži, operemo in razpolovimo grozdne jagode brez pečk.
e) Ko so polovice ciabatte popečene, jih pustite nekaj minut, da se ohladijo.
f) Sir gorgonzola enakomerno razporedite po odrezanih straneh ciabatte.
g) Razpolovljene grozdne jagode razporedimo po gorgonzolni plasti.
h) Grozdje in sir pokapljajte z medom. Količino medu lahko prilagodite želeni stopnji sladkosti.
i) Po želji okrasite s svežimi listi timijana za dišeč pridih.
j) Dve polovici ciabatte sestavite skupaj v sendvič.
k) Z ostrim nožem narežite ciabatto na posamezne porcije.
l) Postrezite ciabatto iz grozdja in gorgonzole in uživajte!

97. Ciabatta iz hrušk in orehov

SESTAVINE:
- 1 ciabatta
- 2 zreli hruški, narezani na tanke rezine
- 1/2 skodelice sesekljanih orehov
- 4 oz modrega sira ali kozjega sira
- 2 žlici medu
- Listi svežega timijana (neobvezno, za okras)

NAVODILA:
a) Pečico segrejte na 350 °F (175 °C).
b) Ciabatto po dolžini prerežite na pol, tako da ustvarite dve polovici.
c) Polpete ciabatte položimo na pekač in jih v ogreti pečici pražimo približno 5 minut oziroma toliko časa, da rahlo hrustljavo zapečejo. Ta korak lahko preskočite, če imate raje mehkejšo ciabatto.
d) Medtem ko se ciabatta praži, zrele hruške olupimo, odstranimo sredico in na tanko narežemo.
e) Ko so polovice ciabatte popečene, jih pustite nekaj minut, da se ohladijo.
f) Modri sir ali kozji sir enakomerno razporedite po odrezanih straneh ciabatte.
g) Narezane hruške razporedite po sloju sira.
h) Po hruškah potresemo sesekljane orehe.
i) Hruške in orehe pokapljamo z medom. Količino medu lahko prilagodite želeni stopnji sladkosti.
j) Po želji okrasite s svežimi listi timijana za dodaten okus.
k) Dve polovici ciabatte sestavite skupaj v sendvič.
l) Z ostrim nožem narežite ciabatto na posamezne porcije.
m) Postrezite svojo hruškovo in orehovo ciabatto in uživajte!

98. Mango Ciabatta

SESTAVINE:
- 1 ciabatta
- 2 zrela manga, olupljena, brez koščic in na tanke rezine narezana
- 4 oz kremnega sira ali kozjega sira
- 2 žlici medu
- Listi sveže mete (po želji, za okras)
- 160 gramov (5 unč) narezanega kuhanega piščanca (neobvezno)

NAVODILA:
a) Pečico segrejte na 350 °F (175 °C).
b) Ciabatto po dolžini prerežite na pol, tako da ustvarite dve polovici.
c) Polpete ciabatte položimo na pekač in jih v ogreti pečici pražimo približno 5 minut oziroma toliko časa, da rahlo hrustljavo zapečejo. Ta korak lahko preskočite, če imate raje mehkejšo ciabatto.
d) Medtem ko se ciabatta praži, olupimo, izkoščičimo in na tanko narežemo zrele mange.
e) Ko so polovice ciabatte popečene, jih pustite nekaj minut, da se ohladijo.
f) Kremni sir ali kozji sir enakomerno razporedite po odrezanih straneh ciabatte.
g) Po sloju sira razporedite narezane mange in piščanca.
h) Rezine manga pokapljajte z medom. Količino medu lahko prilagodite želeni stopnji sladkosti.
i) Po želji okrasite s svežimi metinimi lističi za piko na i barve in dodaten okus.
j) Dve polovici ciabatte sestavite skupaj v sendvič.
k) Z ostrim nožem narežite ciabatto na posamezne porcije.
l) Postrezite svojo Mango Ciabatto in uživajte!

99.Blackberry in ricotta ciabatta

SESTAVINE:
- 1 ciabatta
- 1 skodelica svežih robid
- 8 oz sira ricotta
- 2 žlici medu
- Listi sveže bazilike za okras (neobvezno)

NAVODILA:
a) Pečico segrejte na 350 °F (175 °C).
b) Ciabatto po dolžini prerežite na pol, tako da ustvarite dve polovici.
c) Polpete ciabatte položimo na pekač in jih v ogreti pečici pražimo približno 5 minut oziroma toliko časa, da rahlo hrustljavo zapečejo. Ta korak lahko preskočite, če imate raje mehkejšo ciabatto.
d) Medtem ko se ciabatta praži, nežno operite in osušite sveže robide.
e) Ko so polovice ciabatte popečene, jih pustite nekaj minut, da se ohladijo.
f) Sir ricotta enakomerno porazdelite po prerezanih straneh ciabatte.
g) Sveže robide razporedite po vrhu plasti rikote.
h) Robide pokapljamo z medom. Količino medu lahko prilagodite želeni stopnji sladkosti.
i) Po želji okrasite s svežimi listi bazilike za piko na i barve in dodaten okus.
j) Dve polovici ciabatte sestavite skupaj v sendvič.
k) Z ostrim nožem narežite ciabatto na posamezne porcije.
l) Postrezite svojo čabato Blackberry in Ricotta in uživajte!

100. Šunka, sir in zeliščna ciabatta

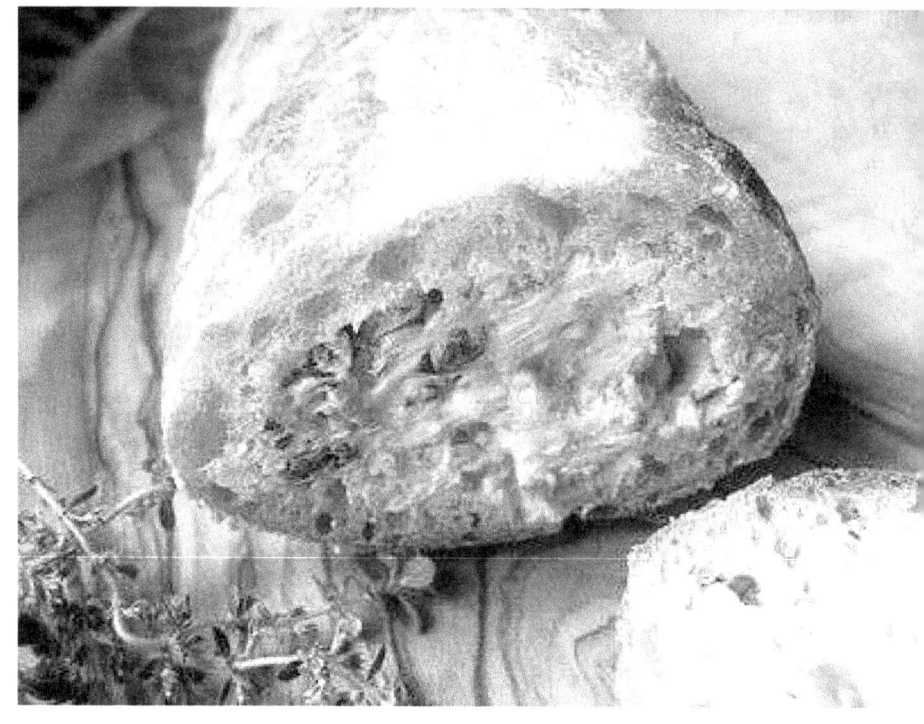

SESTAVINE:
- 1½ žlice aktivnega suhega kvasa
- 1½ skodelice tople vode
- 1 žlica medu
- 4 skodelice (približno) nebeljene bele moke
- ½ čajne žličke soli
- 4 žlice olivnega olja
- 1½ skodelice kocke šunke ali svinjine
- ½ skodelice sveže naribanega parmezana
- 2 žlički sesekljanega svežega rožmarina
- 2 žlički sesekljanega svežega timijana
- 2 žlički sesekljanega svežega žajblja

NAVODILA:
a) Kvas dajte v veliko posodo za mešanje. Zmešajte toplo vodo in med ter postavite na toplo mesto za približno 10 minut ali dokler se kvas ne raztopi in začne brbotati.
b) V mešanico kvasa postopoma presejte moko in sol ter neprestano mešajte, dokler se testo ne začne odmikati od sten posode.
c) Delovno površino potresemo z moko in nekaj minut nežno gnetemo testo. Testo prerežite na pol in eno polovico razvaljajte v pravokotnik (kot pravokotna pica) približno 14 krat 10 palcev. Testo namažite z 1½ žlice olivnega olja.
d) Polovico šunke razporedite po površini in jo nežno vtisnite v testo. Po vrhu potresemo polovico sira in po testu potresemo polovico zelišč ter izdatno mletje svežega črnega popra. Testo z rokami nežno razvaljamo po dolžini v obliki dolge cigare.
e) Robove testa rahlo zaprite. Položite v dobro pomaščen pekač za francoski kruh in pokrijte s čisto kuhinjsko krpo.
f) Pečico segrejte na 450 stopinj F.
g) Naredite drugo štruco. Dva hlebca kruha postavite na suho, toplo mesto in pokrita pustite stati 15 minut.
h) Hlebčke tik pred peko rahlo premažemo s preostalo 1 žlico olivnega olja. Postavite na srednjo polico vroče pečice in pecite 20 do 25 minut ali dokler kruh ne dobi zlato rjave skorje in se ob udarjanju po dnu sliši votlo.

ZAKLJUČEK

Ko zaključujemo naše popotovanje po svetu kruha ciabatta, upam, da ste navdihnjeni, da zavihate rokave, obrišete prah s predpasnika in se podate na lastno peko kruha. »KONČNI VODNIK PO USTVARJANJU CIABATTA« je bil oblikovan s strastjo do domače peke in predanostjo, da vam pomaga doseči mojstrstvo pri peki kruha v vaši kuhinji.

Ko nadaljujete z raziskovanjem umetnosti priprave kruha ciabatta, ne pozabite, da resnična lepota tega kruha ni le v njegovi žvečljivi teksturi in skorjasti zunanjosti, temveč tudi v veselju, ko ga delite z najdražjimi. Ne glede na to, ali lomite kruh z družino in prijatelji, uživate v mirnem trenutku ob skodelici kave ali si privoščite dekadenten sendvič, naj vas vsak grižljaj kruha ciabatta približa preprostim užitkom domačih dobrot.

Hvala, da ste se mi pridružili na tem kulinaričnem potovanju. Naj bodo vaše kreacije ciabatte vedno žvečljive, hrustljave in nadvse okusne, vaša kuhinja pa naj bo še naprej prostor topline, ustvarjalnosti in kulinaričnega raziskovanja. Do ponovnega srečanja, veselo peko in dober tek!

www.ingramcontent.com/pod-product-compliance
Lightning Source LLC
Chambersburg PA
CBHW070701120526
44590CB00013BA/1043